JN087332

企業が求める〈主体性〉とは何か

教育と労働をつなぐ〈主体性〉言説の分析

武藤浩子

東信堂

序　文

吉田　文
（早稲田大学教育・総合科学学術院　教授）

　「主体性」とは耳触りの良い言葉である。おそらく誰もが、「主体性」があることは望ましいことであり、逆に「主体性」がないことは嘆かわしいという反応をするだろう。その逆の反応、例えば、「主体性などなくてよいのだ」と言う人などいるだろうか。そのくらい、「主体性」は人間がもつに値する資質という共通理解がある。

　さらにいえば、この「主体性」は、日本全国を覆っている。近年、学習指導要領では「主体的・対話的で深い学び」が強調され、「学力の三要素」の1つとしても「主体的に学習に取り組む態度」が掲げられている。大学入試にあたっても、志願者の主体性を評価することが求められるようになった。主体性重視は、何も学校教育に留まらない。日本経済団体連合会が毎年行っている大卒者に期待する資質としても、「主体性」はトップの地位を譲る気配をみせない。子どもから大人まで、日本人は「主体性」を持つ人間になれと喚起され、それに向かって走らされているようだ。

　ここで、はたと立ち止まって考えると、「その主体性って何？」という疑問が湧いてくる。主体性は資質と言われても、ある人が主体性を備えているのかどうかは、何らかの発言や行動をみなければわからない。どのような発言や行動をみたら、われわれは主体性があると思うのだろう。教育の場で強調されているが、それは教えて身につくものなのだろうか。そうだとしたら、どのような働きかけ方をしたら、主体的とみなされる発言や行動が促されるのだろうか。そもそも主体性があるとどのようなメリットがあり、それがないとどのようなデメリットが生じるのだろうか。耳触りの良い言葉であるが、きちんと考えようとすると、きわめて厄介な言葉であることに気づく。

　そこに正面切って果敢に切り込んだのが、本書の著者、武藤浩子による『企業が求める〈主体性〉とは何か——教育と労働をつなぐ〈主体性〉言説の分析』

である。彼女は、企業が求める主体性とは何かという問いを、とことん追求した。教育学という分野で研究する者であれば、教育の場を研究対象にすることが多い。しかし、そうではなく、敢えて労働の場である企業を対象にしたことは、彼女の卓見である。なぜなら、未成年者を対象に価値を教え込む教育の場においては、主体性は獲得すべき資質として明示されており、そこに揺らぎはない。しかし、労働の場を対象にすれば、成人の日常における主体性という言葉の使い方や主体性を意味する行動を探ることになり、それによって主体性の隠されていた多面性を明らかにすることができるからである。

　そして、もう1つ、労働の場を、企業を統括する経済団体、企業の採用部門、企業の事業部門の3層からなる構造として分析したことも、彼女の卓見である。日本企業の代表として公式的な発言をする経済団体と企業の日常は違うだろう、企業でも労働未経験の大学生を採用する場の論理と、被雇用者として働く事業部門の論理は同じではないだろうという仮説に立脚したがためであるが、それは見事に当たった。教育の研究者は、労働の場をそこまで分析的・構造的に捉えることはないといってよい。

　日常に充満している「主体性」という言葉。われわれは、そこに、ある価値を込めてあらゆる場面で使っている。そうした日常そのものを問い返す、言葉に込められた価値そのものをあばいていく、それがこうした言説研究の醍醐味である。それは、われわれの社会が、あるいは、われわれ自身が何であるかを明らかにすることにつながるのである。彼女の主体性研究の面白さはそこにある。

　ところで、彼女との出会いは、数年前、彼女の修士論文の副査をした時に遡る。長く企業に勤務し管理職の経歴をもっての大学院進学だと聞いた。その後、縁あって博士課程を私のゼミで過ごすことになった。驚いたのは、ゼミが始まった頃である。大学時代は心理学専攻、修士課程は教育工学専攻だったため、私が担当している教育社会学は初めて接する領域である。それにもかかわらず、発言がきわめて的確であるうえに、何よりも発想がとても柔軟なのである。これは研究者の資質として重要であり、教えてできるようになるものではない。

　その後の博士論文執筆の進捗は、目覚ましいものがあった。研究領域を決め、自分で資料を収集し、分析し、1つ1つ査読付き論文誌へ投稿する。それとともに、大学院生たちの共同研究を立ち上げ、博士論文の執筆と並行して研究をはじめ、この共同研究は現在も継続している。貪欲な研究生活であるといっても、過言ではない。私はただ見守るだけで済んでしまった。最近では、私と同僚との共同研究にも参加してくれており、中核メンバーとして欠かせない存在になっている。彼女の次の成果は何になるだろう。最初の成果が本書に結実したことで、私はもう次の成果を待ち望んでいる。

　さて、私の御託はこのくらいで十分だろう。本書を手に取った読者の皆さまは、はやく本文を読みたいと、うずうずされているに違いない。さあ、本書の面白さ、楽しさをじっくりと堪能されたい。

はしがき

　私たちが日常的に用いる〈主体性〉という言葉は、ポジティブな意味を含んでいる。

　この〈主体性〉という言葉に興味を持ち、〈主体性〉について考えるようになったのは、大学で学生の授業参加の様子を見ていたときであった。そこには質問をする学生と、質問をしない学生がいて、その学生の間にはどのような違いがあるのだろうかと考えていた。そしてふと、質問をしない学生に対して、「主体性が無い」と感じていることに気づいた。

　その大学生の質問行動については、学生への質問紙調査を行い、論文としてまとめることができた。分析の結果、質問行動は「疑問を持つ」ことが発端になること、また授業を「質問しやすい状況」と認識することで、「質問したいという欲求」だけでなく、「疑問を持つ」ことも促進されることを示した。

　この質問行動の研究がひと段落ついたときに、なぜ私は質問をしない学生に対して「主体性が無い」と感じたのか、質問をすることは〈主体性〉の発露といえるのか、それが気になり始めた。そもそも〈主体性〉とは一体何を意味しているのか、何をすれば〈主体性〉があるといえるのか、考えてみると〈主体性〉とはよくわからない曖昧な言葉である。

　しかしながら、社会には〈主体性〉を求める言説が満ち溢れている。〈主体性〉という言葉の意味は曖昧にされたまま、学校教育においては〈主体性〉の育成がうたわれ、企業は〈主体性〉のある人材の輩出を大学等に求めている。そんなことを考えていたときに、企業は学生の〈主体性〉不足を指摘するが、学生自身は〈主体性〉不足を感じていないという企業と学生の認識ギャップを示す経済産業省の調査結果を見た。そして、大学教育などで育成しようとする〈主体性〉と、企業が求める〈主体性〉には違いがあるのではないか、という基本的な疑問が生まれた。企業と大学の間で、〈主体性〉の意味のズレ

を内包したまま、産業界から大学教育等に対して〈主体性〉の育成要求がなされているのではないか、と考えるようになった。

　そののちに、〈主体性〉に関するいくつかのデータを試行的に分析した結果、企業・経済団体に焦点化して分析を行うことにした。企業が求める〈主体性〉を明らかにすることで、産業界の人材育成要求に対峙しながら、学生の〈主体性〉育成について考えるための示唆が得られるものと考えたのである。

　本書は、産学でともに重視される〈主体性〉に着目し、教育に対して少なからず影響を与えると考えられる産業界（企業・経済団体）の言説を主な対象として分析を行うものである。

　その分析結果については、本論に譲るが、大学教育や企業に関わる方々、また教育から労働へと移行する学生の皆さんが、「企業が求める〈主体性〉」とは何なのか、その一端を知ることができるものになっていることを祈りつつ、本論へと進むことにしたい。

目次／企業が求める〈主体性〉とは何か──教育と労働をつなぐ〈主体性〉言説の分析

x

図表一覧

第 4 章　企業はどのようにして〈主体性〉を評価・育成しているのか

終　章　企業が求める〈主体性〉とは何か

企業が求める〈主体性〉とは何か
──教育と労働をつなぐ〈主体性〉言説の分析

序　章
問題設定と分析の枠組み

本章の概要

　「企業が求める〈主体性〉」について検討するため、本書の目的を述べ、先行研究の検討を行った。企業が求める〈主体性〉に関わる先行研究を、(1) 経済団体の人材育成要求、(2) 企業が学生に求める資質・能力、(3) 企業が社員に求める資質・能力、と 3 つに分けて検討し、本書の分析対象と分析視点を抽出した。

　これまでの研究では、経済団体や企業採用部門をそれぞれ個別に対象とした研究がなされ、〈主体性〉を求める経済団体、企業採用部門、企業事業部門の 3 層を総合してみる視点が欠けていることを指摘し、本書では、経済団体、企業採用部門、企業事業部門の 3 層を対象として分析を行うこととした。分析対象とするデータは、経済団体については経団連、経済同友会の提言およびアンケート結果、企業採用部門については『就職四季報』の「求める人材」の記述、企業事業部門は営業・開発など事業部門の管理職者へのインタビュー内容とした。分析にあたっては、量的分析、質的分析を行うとともに、時間軸を用い、年代による差異にも着目して、〈主体性〉要求や、〈主体性〉の意味の変化、〈主体性〉育成の様相の差異を捉える。

　本章で設定した問いは次のものである。「1. 企業は〈主体性〉を求めているのか」、「2. 企業が求める〈主体性〉は何を意味するのか」、「3. 企業はなぜ〈主体性〉を求めるのか」、「4. 企業はどのようにして〈主体性〉を評価・育成しているのか」。これらについて第 1 章から第 4 章の各章で分析し、終章では分析結果をまとめるとともに総合的な考察を行う。

1. 問題設定

　近年、人々に様々な資質や能力が求められている。本書は、産業界から大学教育や学生等に対して要求される資質・能力のなかでも、産学でともに重視される〈主体性〉に着目し、企業が求める〈主体性〉とは何か、また大学教育等に対して〈主体性〉育成を要求する企業において、〈主体性〉はどのように取り扱われ評価、育成されているのかその様相を示すことを試みる。これによって、近年の〈主体性〉要求や、〈主体性〉育成に影響を与える要因を分析し、そのメカニズムについて検討する。

　その前にまず、産業界が求める資質・能力と学校教育との関係について考えてみたい。産業界から学校教育に対して、学力だけでなく資質・能力[1]の育成要求がなされていることが、長年に渡り指摘されてきた。1990 年代初め頃までの企業は、受験学力の高い学生を採用し、企業内で人材育成を行う仕組みを機能させていた（苅谷　2012、2013）。しかし、1990 年代初頭にバブル経済崩壊の打撃を受けた産業界は、技術や専門知識だけでなく、産業界が必要とする資質・能力の育成を学校教育に求めるようになったとされる（飯吉　2012；小方　2013；吉田　2014）。産業界が求める資質・能力は、教育界に対しても少なからず影響を与えるものと考えられる[2]。

　その資質・能力のなかでも、本書が着目する〈主体性〉は、学校教育においては、初等中等教育の「主体的・対話的で深い学び」（文部科学省　2017a、2017b、2018）、大学教育の「主体的な学修」（中央教育審議会　2012）に見られるようにキーワードとして用いられている。他方、産業界において〈主体性〉は、企業が学生にもっとも求める資質・能力とされている（日本経済団体連合会（以降、経団連とする）2015、2018a）。〈主体性〉は、学校教育においても産業界においてもともに用いられ、学生や社会人に求める資質・能力として重視されているといえよう。

　しかし、その〈主体性〉とは一体何を意味するのだろうか。例えば、2012年の中央教育審議会「大学教育の質的転換」答申[3]では、〈主体性〉は「考える力」や「学修」という学びに関する用語とともに使われる一方、経団連の提言では、

〈主体性〉は「行動」のような用語と用いられながら、大学に対して企業が求める〈主体性〉育成を要求する様相が見られる。

　また、企業は学生の〈主体性〉不足を強く指摘するが、学生は自身の〈主体性〉不足を感じていないという企業と学生の〈主体性〉の認識のギャップを示す経済産業省の調査もある（**図表序-1**）。これを見ると、企業の採用担当者は、学生の〈主体性〉や「コミュニケーション力」不足を感じている一方、学生自身はそれをあまり感じていないことがわかる。特に〈主体性〉については、企業と学生の回答差が大きく、学生の〈主体性〉獲得に関して、学生を採用する企業側と、学生との間には大きな認識ギャップがあるといえよう。

　この調査では、その認識ギャップが生じる理由についてまでは明らかにされていないものの、学生が考える〈主体性〉、つまり学生がこれまで経験してきた初等中等教育や高等教育等における〈主体性〉と、企業が求める〈主体性〉の意味が異なることも十分考えられるのではないだろうか。企業と大学の間で、〈主体性〉の意味のズレを内包したまま、産業界から大学教育等に対して〈主体性〉の育成要求がなされていることは、これまでほとんど指摘されていない。そこで、本書では、〈主体性〉を要求する企業に着目して、企業が求める〈主体性〉とは何かについて明らかにすることを試みたい。

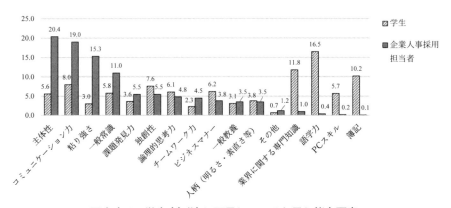

図表序-1　学生（自分）に不足していると思う能力要素
出典：経済産業省，2010，『大学生の「社会人観」の把握と「社会人基礎力」の認知度向上実証に関する調査』より作成

　また、企業は、企業が求める〈主体性〉の育成を大学教育等に求めるとともに、企業内でも〈主体性〉を育成しているものと考えられるが、その様相については十分に明らかにされていない。企業における〈主体性〉育成の様相を明らかにすることによって、産業界の人材育成要求に対峙しながら、学生の〈主体性〉育成に関する教育政策を考えるための示唆が得られるものと考える。

　ここまで〈主体性〉という言葉を繰り返し用いてきたが、〈主体性〉という言葉は、現代社会において、継続的に、広く用いられているのだろうか。社会で用いられる言葉をある程度反映していると考えられる新聞記事を用いて確認しておこう。**図表序-2** は、読売新聞と朝日新聞の記事において「主体性」および「主体的」という言葉の出現数を示したものである[4]。これをみると、「主体性」、「主体的」という言葉は、1980 年代にはそれほど用いられていなかったものの、1900 年から 2000 年頃にかけて出現数に増加傾向がみられ、2000年以降は、ある程度高い水準で用いられ続けていることがわかる。

出現数

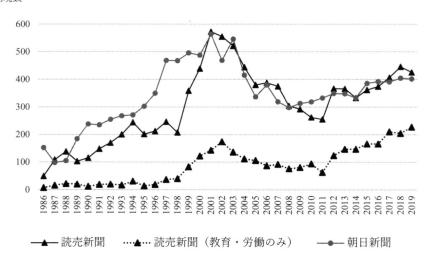

図表序-2　新聞記事での「主体性」「主体的」の出現数推移

出典：新聞記事データベース（聞蔵Ⅱ, ヨミダス歴史館）より作成

　また、教育・労働に関する記事のみを対象とした〈主体性〉の出現率を見ると、2000 年前後に〈主体性〉の出現率が増加し、その後、一旦落ち着くものの 2012 年以降、改めて増加傾向を示している。〈主体性〉という言葉は、2000 年頃には広く用いられており、特に 2010 年代には、教育や労働分野においてより頻繁に用いられるようになったと見ることができる。

　このように教育や労働分野で広く用いられる〈主体性〉は、企業においてどのような意味を内包して用いられているのだろうか。その分析に進む前に、企業が求める〈主体性〉に関する先行研究を検討し、そのうえで、企業が求める〈主体性〉の分析視点を抽出しよう。

2.　企業が求める〈主体性〉に関する先行研究

　企業が求める資質・能力に関する研究は、その要求元に着目することで、大きく 3 つに分けることができる。

　まず (1) として、経団連、経済同友会などの企業経営者が関わる経済団体が、教育行政や大学教育等に求める人材育成を対象とした研究群である。(2) は、企業の新卒採用プロセスにおいて、学生に求める資質・能力を対象とした研究である。(3) は、企業が入社後の社員に求める資質・能力を対象とした研究である。

　これらの先行研究の検討の前に、この 3 つの研究群の関連について考えてみよう。企業の経営者や管理職者らは、(3) の先行研究が示すように、社員が当該企業が求める資質・能力を獲得、発揮することで、自社の事業推進や発展に寄与することを期待していると考えられる。そして、その前段階において、(1) のように、企業経営者が関わる経済団体が、教育行政や大学教育等に対して対外的に、学生らの人材育成を求めているといえるだろう。また (2) のように、各企業の採用部門は、企業経営者の要求などを汲んで、入社前の学生らを対象として企業が求める資質・能力を示し、採用プロセスにおいてその資質・能力を評価していると見ることができる。

　では、次にその (1) 経済団体の人材育成要求、(2) 企業が学生に求める資質・

8

能力、(3) 企業が社員に求める資質・能力、という 3 つの研究群について、〈主体性〉に着目して検討していこう。なお、本書では、いわゆるホワイトカラーの仕事を対象として、〈主体性〉の評価や育成について検討することとする。

(1) 経済団体の人材育成要求

　経団連、経済同友会などの経済団体からなされる人材育成要求を対象とした研究としては、本田 (2005)、飯吉 (2008、2012)、吉田 (2012、2014) などをあげることができる。また、〈主体性〉に関して経済団体の要求だけでなく教育政策文書など多様な文献を検討したものとして、苅谷 (2019) がある。

　本田 (2005) は、〈主体性〉などを含む資質・能力を「ポスト近代型能力」と定義し、テストで測られる基礎学力のような「近代型能力」だけでなく、多様で曖昧な「ポスト近代型能力」が求められる社会をハイパー・メリトクラシーという言葉を用いて描き出し[5]、このような資質・能力要求の中核をなすものとして経済団体をあげている。本田は、「近代型能力」の評価の手順は明確で、公平かつ正当であり、その能力を身に付けるノウハウは存在するとした一方、「ポスト近代型能力」は、曖昧で、測定されにくく、共通尺度を用いないことが評価の不透明さにつながるとし、「ポスト近代型能力」の要求を止める方策が必要だと述べている (本田　2005)。本田は、評価が曖昧であるがゆえに、〈主体性〉のような「ポスト近代型能力」の要求を止めるという立場を取っていたといえよう。

　他方、苅谷は、「変化が激しい時代」という不透明な、まだ見ぬ未来への対応という曖昧な目的のために〈主体性〉要求がなされていることを指摘し、〈主体性〉の内実の曖昧さとともに、それが求められる理由までもが曖昧であることを指摘した (苅谷　2019)。

　本田、苅谷とも、〈主体性〉のような資質・能力を曖昧なまま扱うことを良しとしているわけではない。本田は、「ポスト近代型能力」を何らかの形で指標化する必要があるとし、苅谷は、変化の激しい社会に適応する資質・能力を明らかにせずに〈主体性〉育成の政策提言を行うことを批判的に捉えたうえで、〈主体性〉について議論する必要性を述べている。

　飯吉（2008）は、1950 年から 1990 年代後半の経済団体の提言を分析し、「主体性や問題発見力」などを“新しい教養”と名付け、1995 年以降、それを「産業界が求める能力」とした[6]。また、飯吉（2012）では、対象期間を 2012 年まで伸ばして検討し、〈主体性〉のような能力が産業界と大学でともに重視されていることから、産業界が求める能力と大学が育成する能力が重なりつつあると論じた。しかしながら、飯吉は〈主体性〉という言葉の出現のみに着目している。産業界と大学がともに同じ〈主体性〉を重視しているというのであれば、産業界や大学で用いられる〈主体性〉の意味や、〈主体性〉が求められる理由を示すことが不可欠であろう。

　このように経済団体の提言を対象とした先行研究では、〈主体性〉の意味や、求められる理由が明らかにされないまま取り扱われている。また、経済団体の提言など公に示された文書が示すものと、企業の要求とは乖離していることはすでに吉田（2012）によって指摘されているものの[7]、前述の産業界の人材育成要求については、経済団体の要求を分析するのみで、それぞれの企業の要求については射程外のままである。

　そこで〈主体性〉について分析するにあたっては、経済団体の提言などを対象とするだけでなく、企業を対象として、経済団体と企業の異同にも着目して分析する必要があると考える。

(2) 企業が学生に求める資質・能力

　次に企業が採用プロセスにおいて、学生に求める資質・能力に関する研究を見てみよう。その研究方法に着目すると、「質問紙調査」、「テキスト分析」、「インタビュー分析」に分けることができる。ここではこれらの研究方法に着目して検討しておこう。

企業が重視する資質・能力——質問紙調査

　まず、質問紙調査を用いた調査・研究群を見てみよう。『雇用管理調査』（厚生労働省　1998、2001）では、企業が採用時に重視する資質・能力について調査が行われており、「熱意・意欲」、「協調性・バランス感覚」などが選択肢

とされている[8]。また、日本労働研究機構 (2000)、および労働政策研究・研修機構 (2006、2007) の調査項目では、「エネルギッシュで行動力のある人」、「協調性・バランス感覚がある人」など 8 つの項目が示されている[9]。しかしながら、これらの調査では、〈主体性〉という選択肢はみられない。また、根本 (2004)[10]、岡部 (2010)[11] が行った質問紙調査においても、〈主体性〉は選択肢とされておらず、これらの調査・研究からは、企業の〈主体性〉要求について確認することはできない。

ただし、労働政策研究・研修機構の調査を用いた小杉 (2007) では、「企業が採用時に重視する能力」に関する自由記述が分析されており、その自由記述からは「意欲・やる気」などとともに「自主性・主体性」が抽出されている。

このように公的機関や研究者が実施した質問紙調査では、〈主体性〉は選択肢とされていないものの、企業の自由記述の分析では〈主体性〉が抽出されていることから、研究者らは〈主体性〉を企業が重視する能力としては取り扱っていなかったものの、企業においては、〈主体性〉は重視される能力概念であったことが示唆される[12]。

また、企業における〈主体性〉に関連して、舘野・中原ほか (2016) は、学生・社会人を対象とした縦断調査データを用い、大学での生活が充実しているほど、就職後に、「主体的 (プロアクティブ) な行動」をとることを示したが、「主体的な行動」として、1990 年代のアメリカの組織社会化研究に基づいた調査項目を用いており、近年、企業が求める〈主体性〉について直接示したものとは言えない。

企業が求める〈主体性〉について検討するためには、企業が「企業が求める人材像」を示した文書を対象とすることが必要だと考える。

企業が求める人材像——テキスト分析

では次に、「企業が求める人材像」に関する文書を対象とした研究を見てみよう。岩脇 (2004) は、学生向け就職情報誌である『会社四季報学生就職版』等に掲載された「企業が求める人材」の記述を対象として、企業が新卒者に求める資質・能力を分析した。その結果、1991 年から 2001 年にかけて、企

業が求める資質・能力が、「個性」から「主体性」へと移行したこと、また「主
体性」が期待される場面が、「目標達成」から「行動」へと移行し、〈主体性〉
の意味が質的に変化したことを示した。さらに岩脇 (2006a) では、1970 年頃
から 2000 年頃までと対象期間を広げて分析し、〈主体性〉という言葉の出現
率の順位が、1971 年 37 位、1986 年 18 位、2001 年 7 位と上がっていること
を示した。この分析からは、1970 年頃から 2000 年頃にかけて、〈主体性〉要
求がより高まってきたことが示唆される[13]。岩脇のこれらの研究は、企業が
求める資質・能力が、時代によって変わるだけでなく、〈主体性〉が内包す
る意味が変わることを示唆した貴重な研究といえよう。

　岩脇と同様に、企業が求める人材像を分析したものとして、岩崎・西久保
の研究がある。岩崎・西久保 (2012) は、企業の業種に着目して、企業のウェ
ブサイトに記載された「求める人材像」を分析し、どの業種においても〈主体
性〉は重視されているものの、〈主体性〉の出現率については、25 ～ 70 ％と
業種によって差異があることを明らかにした。

　また、麦山・西澤 (2017) は、求人情報サイトの企業が新卒者に求める人物
像を分析し、〈主体性〉については分析対象とはされていないものの、企業
規模によって求める能力が異なることを明らかにした[14]。さらに、前述した
小杉 (2007) は、企業を対象とした調査の自由記述における能力語彙の出現
率を企業規模別に分析し、「自主性・主体性」は、従業員 3,000 人未満の企業
では 3.3 ～ 4.8 ％とあまり高くないものの、3,000 人以上の企業では 17.4 ％と、
規模の大きい企業において、より〈主体性〉が重視される傾向があることを
示した[15]。

　これら研究は、2000 年頃には〈主体性〉は「行動」と結びついており、企業
規模・業種といった企業属性によって、〈主体性〉要求には差異があること
を示している。しかしながら、2000 年以降も、〈主体性〉は「行動」と結びつ
くのか、企業規模や業種によって、企業の〈主体性〉要求に差異が見られる
のかについては明らかではない。近年、企業が求める〈主体性〉について明
らかにするためには、2000 年以降のデータを用いて、検討する必要がある。

企業が評価する資質・能力——インタビュー分析

　採用担当者へのインタビュー調査によって、企業が採用時に評価する能力を分析した研究としては、企業の面接評価の不明確さを述べた小山（2010）、大学院生採用において面接者側の経験の影響を示した濱中（2013、2015）、企業の仕事の論理に着目して評価の構造を分析した吉田（2020）がある。ただし、小山（2010）、吉田（2020）では、学生に求める資質・能力の分析を目的とはしていないため、〈主体性〉については断片的に示されるに留まっている[16]。

　また、岩脇（2006b）は、インタビュー調査によって、『会社四季報学生就職版』分析（岩脇　2004）で示された〈主体性〉のような能力は、企業が評価する能力の一部に留まることを指摘した。しかしながら、『会社四季報』分析で示された〈主体性〉と、企業採用担当者がインタビューで語った〈主体性〉が、どのように異なるのかまでは検討していない。また、岩脇（2007）は、面接評価に関するインタビュー内容を複数回コーディングすることで、〈主体性〉を含む 17 の資質・能力を抽出し、〈主体性〉については「受身ではなく自分から行動する」と定義した。しかしコーディングによって、企業社員が語る〈主体性〉の意味が捨象される懸念があることから、インタビュー内容を直接解釈することでその意味を捉える必要があるものと考える。

　企業が求める資質・能力に関するインタビュー調査においては、これまで企業の採用担当者が主な調査対象とされてきた。しかしながら、濱中（2013）の、企業の採用担当者が、「営業部門などで求められる能力がわからない」と認識しているという重要な指摘からは、企業の人事・採用部門（業務が企業の利益に直接結びつかない間接部門[17]）の社員は、営業、開発などの事業部門（業務が企業の利益に直接結びつく直接部門）における〈主体性〉の意味や〈主体性〉が求められる理由について、必ずしも理解していないと考えられる。このことから、仕事現場の内実を伴いながら企業が求める〈主体性〉を検討するためには、仕事の現場である事業部門を対象とすることが必要であろう。

(3) 企業が社員に求める資質・能力

　前述したように本書は、ホワイトカラーを対象とするが、企業においてそ

の仕事とはどのようなものなのか、まず、ホワイトカラーの仕事の研究を概観しておく。猪木は、判断業務がホワイトカラーの重要な仕事であるとしたうえで、「変化への対応」のために「判断」が必要とされること（猪木　2002）、仕事の場で求められる知識や技能は奥が深く、多様で広範な力量が要求されることを示した（猪木　2015）。また、ホワイトカラーは、仕事において自由裁量の余地が大きいこと（中村・石田　2005）、職位が上がるほど、定型的（ルーティン）な仕事の割合は少なくなり、非定型的（ノン・ルーティン）な部分が増加する（猪木　2002）ことが指摘されている。企業のいわゆるホワイトカラーとして働く人々は、与えられた仕事裁量[18]の中で、変化に対応するために様々な判断をしながら、定型、非定型の仕事を遂行している。その定型業務、非定型業務について、佐藤（2012）は、定型業務を担う非正規雇用の増加によって、若手正社員に対して、やさしい定型業務から難しい非定型業務へと移行させながら育成する機会が減少していることを指摘した。これは近年の若手正社員には、入社後早い段階から、判断を伴う非定型業務に従事する者が増えていることを示唆するものといえよう。

　ホワイトカラーの仕事は、仕事の裁量度が高く、判断することが求められるが、このような非定型業務にたずさわる人々の能力については、職場内教育（OJT）などによって育成されるとともに、個々人が内発的に動機づけられ、能力を獲得していくという側面があることが指摘されている（Deci & Flaste　1995=1999）[19・20]。しかし、社員の〈主体性〉の獲得、発揮において、このような自発的な動機づけが用いられているのかは明らかではない。仕事の場において、〈主体性〉が育成されるという視点とともに、社員が自ら〈主体性〉を獲得していくという観点から検討する必要があるだろう。

仕事の現場における資質・能力の評価

　では、企業では、このような定型、非定型の仕事に対して、誰が、どのように評価をしているのだろうか。濱口（2013）は、上司（管理職者）が、部下社員の日々の仕事ぶりを観察することで、社員の能力は評価できるとした。また、石田（2003）は、社員の能力評価は客観的なものではなく、管理職者らの

納得や合意に根拠づけられていると指摘した。つまり、能力評価のための統一された評価指標や、言語化された指標があるわけではなく、管理職者が、社員の仕事ぶりを見て、複数の管理職者の納得や合意を用いながら評価しているといえる。

　他方、本田 (2005) は、〈主体性〉のような「ポスト近代型能力」について、その評価の曖昧さから、「個々人の全存在が洗いざらい評価の対象」とされると、個人の内面をえぐり出すような評価につながるとした。しかしながら、実際に仕事の場において、〈主体性〉などの資質・能力がどのように評価されているのかまでは示してはいない。企業における〈主体性〉評価については、個々人の全存在が洗いざらい対象とされるような評価が行われているのか、もしくは、観察可能な行動などを対象として、管理職者間の納得や合意を用いながら行われているのか、という視点から検討することが必要であろう。

仕事の現場における資質・能力の育成

　さらに、企業の仕事における資質・能力の育成についてみてみよう。企業における社員の育成方法には大きく分けて職場内教育 (OJT：on-the-job training) と、職場外研修 (Off-JT：off-the-job training) がある。社員の育成の多くが、職場で学ぶ OJT によって行われており、上司や先輩社員の指導によって若手社員の育成がなされているとされる (小池　1991；濱口　2013)。また、社内異動 (ジョブローテーション) により、若手社員が複数の上司、先輩の指導の下で働くことで、様々なスキルを身につけていくことも指摘されている (小池　2002；濱口　2013)。

　OJT による〈主体性〉育成に関して、吉川 (2016) は、〈主体性〉という言葉はビジネスの現場で日常的に使われるがゆえに、どのようにすれば〈主体性〉が育成できるのか、様々な持論が存在しているとした[21]。企業における〈主体性〉育成に関して、国内外の有名企業の実践 (Schmidt et al.　2014=2014；博報堂大学　2014[22]；本間　2017) や、コンサルタントが示すノウハウや事例 (斉藤　2013；河村　2018；スコラ・コンサルタント対話普及チームほか　2020) のよう

に、人事部門や研究者、またコンサルタント等によるノウハウを示したものは少なくない。しかしながら、事業部門など仕事の現場で行われるOJTの実際の様相を示したものとまではいえない。企業では〈主体性〉という言葉が、広く用いられているものの、〈主体性〉という言葉で何を意味し、〈主体性〉をどのように育成しようとしているのか、その様相については十分に明らかにされていない。

　また、小方（2001）は、人事担当者に企業での〈主体性〉育成について問い、人事担当者が、仕事の場での動機づけ、職場内教育（OJT）、部署配置とそれぞれ異なる回答を曖昧にしている様子を示した[23・24]。人事担当者は、仕事の現場で〈主体性〉が育成されていると認識してはいるものの、実際にどのように育成されるのかまでは把握していないことを示唆するものといえよう。前述したように、採用担当者は、営業部門などで求められる能力を必ずしも理解していない（濱中　2013）ことと合わせて考えると、仕事の現場で求められる〈主体性〉の意味や、育成の様相を明らかにするためには、営業・開発などの事業部門を対象とすることが不可欠である。

（4）本書の分析対象と分析視点

　ここまでの先行研究の検討をまとめ、本書の分析対象と分析視点を示す。

　これまでの企業が求める資質・能力に関する研究では、経済団体や企業の採用部門が個別に対象とされていた。経済団体と企業の要求の乖離（吉田 2012）や、企業の採用部門と事業部門の認識の差異（濱中　2013）が指摘されているなか、〈主体性〉のような資質・能力の要求について、企業経営層が関わる経済団体、企業採用部門、企業事業部門を総合してみる視点が欠けていたといえる。本書では、これらの経済団体、企業採用部門、企業事業部門の3層を対象として、その異同にも着目しながら分析することで、企業が求める〈主体性〉について、多角的に検討することを試みる。

　ここで本書で分析対象とする経済団体、企業採用部門、企業事業部門に引き付けながら、企業の組織構造をみておこう（**図表序–3**）。企業において、企業経営層がその経営を担っており、この企業経営層の意見は、経済団体の提

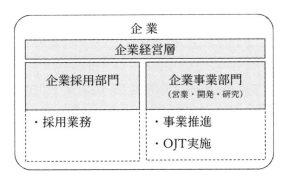

図表序-3　企業の組織構造（概念図）

言にも反映されるものと考えられる。また、企業内には様々な部門があるが、そのうち企業採用部門は、大学生の新卒採用などを担っている。また、営業、開発、研究などの事業部門においては、それぞれの事業の推進とともに、職場内教育（OJT）によって社員の育成を行なっているといえるだろう。

　企業の〈主体性〉要求が高まっていることは先行研究でも示され、また、企業規模や業種といった企業属性によって〈主体性〉要求の程度が異なることが示された。しかしながら、2010 年以降の企業の〈主体性〉要求や、企業属性による〈主体性〉要求の差異については明らかではない。そこで、「企業は〈主体性〉は求めているのか」という問いを設定し、分析を行う[25]。

　また、1990 年代に〈主体性〉が内包する意味が変わったとされ、〈主体性〉が産学でともに重視されているとした研究はあるが、近年、その〈主体性〉が内包する意味や、重視する理由までは示していない。本書では、これらを明らかにするために、2000 年頃以降を対象として、「企業が求める〈主体性〉は何を意味するのか」、「企業はなぜ〈主体性〉を求めるのか」について検討することとする。

　企業における〈主体性〉評価については、先行研究のように管理職者が社員の日々の仕事ぶりを見ることで〈主体性〉を評価しているのか、具体的な〈主体性〉の評価方法は明らかではない。また、企業における〈主体性〉の様相については十分に明らかにされていない。そこで、仕事の現場である事業部門において、職場内教育（OJT）によって社員育成を行う管理職者らを対象とし

て調査を行い、「企業はどのようにして〈主体性〉を評価・育成しているのか」
について検討することとする。

3. 分析の枠組みと分析データ

　本書は、企業が求める〈主体性〉について検討するために、「企業は〈主体
性〉は求めているのか」、「企業が求める〈主体性〉は何を意味するのか」、「企
業はなぜ〈主体性〉を求めるのか」、「企業はどのようにして〈主体性〉を評価・
育成しているのか」の4つの問いを設定する。

　対象とするのは経済団体、企業採用部門、企業事業部門である（**図表序-4**）。
分析対象についてはのちに詳細を述べるため、ここでは概要にとどめるが、
経済団体については経団連、経済同友会の人材育成に関する提言等を対象と
する。また、採用部門については、学生向け就職情報誌である『就職四季報』
の「求める人材」に関する記述を対象とする。事業部門については、事業を
推進するととともに、職場内教育（OJT）によって社員育成に関わる営業、開発、
研究などの事業部門の管理職者を対象としてインタビューを行い、その内容
を分析する。経済団体の提言および、『就職四季報』を対象としてマクロな
視点で分析するとともに、事業部門の管理職者らを対象としたインタビュー
によりミクロな視点からの分析を行う。

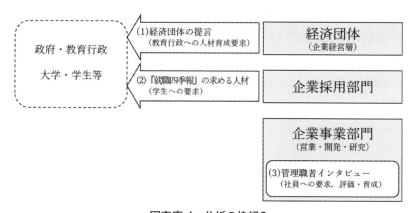

図表序-4　分析の枠組み

　なお、経済団体、企業採用部門、企業事業部門それぞれが示す〈主体性〉は独立しているものではなく、何らか関連をしていると考えられる。例えば、経済団体の提言は、その時代の社会情勢の影響を受けながら企業経営者が求める〈主体性〉を示しており、採用部門も、同様に社会情勢の影響を受けながら、自社が求める人材を、学生向けにわかりやすく示すと考えられる。また、事業部門の管理職者は、社会情勢の影響を受ける市場に対峙して事業を推進しながら、職場内教育（OJT）によって若手社員に求める資質・能力を育成する。このように、経済団体、企業採用部門、企業事業部門のそれぞれが、その時代の社会情勢の影響を受けており、それが〈主体性〉要求や、企業における〈主体性〉育成にも影響を与えると考えられる。では、企業への就職を目指す学生は、このような企業や経済団体とどのように関わるのだろうか。学生らは、企業経営層が関わる経済団体の提言などに意識的、無意識的に影響されつつ、企業採用部門が示す求める人材像などを参考にして、就職活動を行うものと考えられる。そして、企業に入社したのちには、その多くが営業、開発、研究などの事業部門（業務が企業の利益に直接結びつく直接部門）において、事業推進に携わるとともに、仕事の現場において職場内教育（OJT）を受けることになるといえるだろう。

　では次に、経済団体、企業採用部門、企業事業部門それぞれの分析に用いるデータと、分析方法について述べる。

(1) 経済団体（企業経営層）——経済団体の提言・アンケート

分析に用いるデータ

　経済団体が求める資質・能力を分析するために、経団連、経済同友会の求める人材等に関する提言を用いる（**図表序–5**）。また、どのような資質・能力が求められてきたのかを確認するために経団連、経済同友会が実施した企業へのアンケートを参照する（**図表序–6**）。

　ここで経団連と経済同友会について簡単に確認しておこう。経団連は、「日本の代表的な企業 1,494 社、製造業やサービス業等の主要な業種別全国団体 108 団体、地方別経済団体 47 団体などから構成されている（2022 年 4 月 1 日現

図表序-5　経団連・経済同友会の提言

	経団連・経済同友会の提言
1991	「選択の教育」を目指して－転換期の教育改善－*
1993	新しい人間尊重の時代における構造変革と教育のあり方について
1994	大衆化時代の新しい大学像を求めて－学ぶ意欲と能力に応える改革を－*
1996	創造的な人材の育成に向けて～求められる教育改革と企業の行動～
1998	「変わる企業の採用行動と人事システム」事例集～教育改革に向けての企業からのメッセージ～
2000	グローバル化時代の人材育成について
2003	「若者が自立できる日本へ」～企業そして学校・家庭・地域に何ができるのか～*
2004	21世紀を生き抜く次世代育成のための提言－「多様性」「競争」「評価」を基本にさらなる改革の推進を－
2005	これからの教育の方向性に関する提言
2011	グローバル人材の育成に向けた提言
2013	「世界を舞台に活躍できる人づくりのために」－グローバル人材の育成に向けたフォローアップ提言－
2014	次代を担う人材育成に向けて求められる教育改革
2015	これからの企業・社会が求める人材像と大学への期待～個人の資質能力を高め、組織を活かした競争力の向上～*
2016	今後の教育改革に関する基本的考え方－第3期教育振興基本計画の策定に向けて－
2017	第3期教育振興基本計画に向けた意見
2018	今後のわが国の大学改革のあり方に関する提言
	「2040年に向けた高等教育のグランドデザイン」(案)に関する意見*
	今後の採用と大学教育に関する提案
2020	Society 5.0に向けた大学教育と採用に関する考え方

・＊は経済同友会の提言を示す

出典：経団連・経済同友会の資料より作成

在)」(経団連　2022)とされる。また、その使命は、「総合経済団体として、企業と企業を支える個人や地域の活力を引き出し、日本経済の自律的な発展と国民生活の向上に寄与すること」とされている。経団連は1946年に経済団体連合会として設立され、2002年には日本経営者団体連盟(日経連)(1948年設立)と統合し、日本経済団体連合会(経団連)として発足した。経団連は、経済、労働、教育などの重要課題について、経済界の意見を取りまとめて提言し、その実現のために働きかけているとされる[26]。経団連の歴代会長の出身

図表序-6　経団連・経済同友会のアンケート

	経団連・経済同友会のアンケート
1997	企業の採用方法の変化と人材育成に対する意識調査結果概要
1999	「企業の採用と学校教育に関するアンケート調査」結果*
2004	「企業の採用と教育に関するアンケート調査」結果*
	企業の求める人材像についてのアンケート結果
2006	「企業の採用と教育に関するアンケート調査」結果*
2008	「企業の採用と教育に関するアンケート調査」結果*
2010	「企業の採用と教育に関するアンケート調査」結果*
2011	産業界の求める人材像と大学教育への期待に関するアンケート結果
2012	「企業の採用と教育に関するアンケート調査」結果*
2014	「企業の採用と教育に関するアンケート調査」結果*
2015	グローバル人材の育成・活用に向けて求められる取り組みに関するアンケート結果
2016	「企業の採用と教育に関するアンケート調査」結果*
2018	高等教育に関するアンケート結果

・ ＊は経済同友会のアンケート結果を示す

出典：経団連・経済同友会の資料より作成

企業を見ると、自動車（従業員数：約7.4万人）、製鉄（約1.5万人）、電気メーカー（約3.3万人）、化学製品（約7.5千人）と、日本の大企業が名を連ねている。

　経団連が実施するアンケートについては、会員企業だけでなく、地方別経済団体の加盟企業（非会員企業）を対象とするものもある。例えば、2011年の『産業界の求める人材像と大学教育への期待に関するアンケート』の回答企業には中小企業も含まれており[27]、経団連が実施するアンケート調査では、必ずしも日本を代表する大企業の意見だけが反映されているのではない。

　他方、経済同友会は、大企業が中心で企業が参画している経団連とは異なり、1946年に「日本経済の堅実な再建のため、当時の新進気鋭の中堅企業人有志83名が結集して誕生」（経済同友会　2022）したものであり、中堅企業の経営者が個人として参加し、政策提言を行うことをその目的のひとつとしている。会員数は、1,493名（2022年6月時点）であり、全国に連携した44の経済同友会がある。また教育に関する提言を行うとともに、会員所属企業を主な対象としたアンケート調査を実施している。

分析方法

　経済団体の提言については、計量テキスト分析、および実際の記述内容を見ることで分析を行う。また、年代による差異をみるために、1900 年代（1900年〜 1999 年）、2000 年代（2000 年〜 2009 年）、2010 年代（2010 年〜 2020 年）と 3 つの期間に分けて比較分析を行う[28]。

　計量テキスト分析には、KH Coder を利用し（樋口　2014）、〈主体性〉や他の資質・能力に関わる語彙（これを能力語彙とする）の出現率、また年代による出現率の変化をみる。また、共起ネットワーク（**図表序-7**）によって語彙間の関連を検討し、何に関する〈主体性〉が求められているのかを確認する。例えば、「主体性」と「行動力」の共起関係が強ければ、行動に関する〈主体性〉が求められており、〈主体性〉は「行動力」という意味を内包すると考えられる。この語彙間の関連を示すのに Jaccard 係数を用いる。Jaccard 係数は、0 から 1 までを取り、2 つの語彙の関連が強いほど 1 に近づく[29]。共起ネットワークの各

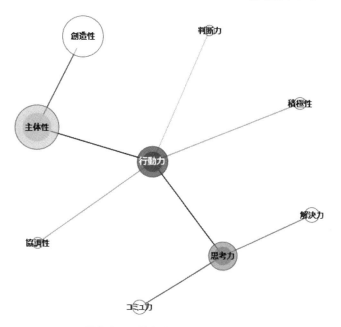

図表序-7　共起ネットワークの例

語彙の円 (バブル) の大きさは、当該語彙の頻出度を示す。また、語彙間の共起の強さを線の太さで示し、円の色の濃さはその語彙の中心性 (Centrality)[30] を示している。

　また、資質・能力に関わる語彙をコード化して扱うが、コード化にあたっては、経済団体の提言における語彙の頻出度、および岩脇 (2004) を参考にした[31]。

(2) 企業採用部門――『就職四季報』
分析に用いるデータ

　企業の採用部門が求める資質・能力について、東洋経済新報社の『就職四季報』に掲載されている各企業の「求める人材」に関する記述を用いる。同社 Web サイトによると、『就職四季報』シリーズは、就職書売り上げ No.1 (大学生協調べ) とされており、就活を行う大学生には広く知られ、参考にされる書籍と考えられる[32]。『就職四季報』が 2002 年版から出版されたことを考慮し、『就職四季報　2002 年版』、『就職四季報　総合版 2011 年版』、『就職四季報　総合版 2021 年版』の 3 冊を分析対象とする[33]。

　各年版で掲載されている企業の企業規模を、従業員数で示したのが図表序-8 である[34]。日本の会社の企業規模と比べると、『就職四季報』に会社情報を掲載している企業の企業規模は大きく、2021 年版では、1,303 件中、業種と従業員数から判断して中小企業に分類されるのは 12 社のみである。本分析では、大企業に分類される企業の採用部門が、大学生らに求める資質・能力

図表序-8　企業規模

企業規模	2021 年版	2011 年版	2002 年版
1,000 人未満	29%	31%	20%
1,000 人〜 3,000 人未満	42%	45%	41%
3,000 人以上	29%	24%	39%
合計	100% (N=1,294)	100% (N=1,153)	100% (N=885)

出典：『就職四季報』より作成

図表序-9　業種

業種	2021 年版	2011 年版	2002 年版
1　マスコミ	5%	5%	6%
2　情報・通信	7%	10%	9%
3　商社・卸	8%	7%	7%
4　金融・保険	12%	11%	14%
5　製造	39%	40%	39%
6　建設	6%	6%	6%
7　小売	8%	9%	7%
8　サービス	9%	8%	8%
9　運輸・郵便	5%	4%	3%
合計	100%	100%	100%
	（N=1,303）	（N=1,154）	（N=885）

出典：『就職四季報』より作成

を対象として検討することになる[35]。

　次に業種について確認しておこう。業種に関する公的な分類としては、『日本標準産業分類[36]』（総務省　2013）があるが、この分類では、情報・通信とマスコミが同じ大分類にまとめられているなど、就職先としての業種と考えると、実情とは乖離があると考えられる。そこで、『就職四季報』の分類等を参考にし、本書で扱う業種は、**図表序-9**のように 9 つの業種とした。なお、図表序-9 では『就職四季報』の各業種の割合を示している[37]。

分析方法

『就職四季報　2002 年版』、『就職四季報　総合版 2011 年版』、『就職四季報　総合版　2021 年版』の「求める人材」データを対象として、計量テキスト分析を行うとともに、実際の記述内容について検討する。

　計量テキスト分析では、経済団体の分析と同様に KH Coder を用いて、〈主体性〉や他能力語彙の出現率や年代による変化を見る。出現率が高い能力語彙は、企業が求め、重視している資質・能力だと考えられる。また、〈主体性〉と他の語彙との共起によって、〈主体性〉がどのような語彙と用いられているのか分析し、何に関する〈主体性〉が求められているのか、〈主体性〉が

24

内包する意味について検討する。分析にあたっては、前述の経済団体の提言と同様に、〈主体性〉などの資質・能力に関する語彙をコード化して扱う[38]。

　企業採用部門の分析では、企業規模、業種による差異にも着目する。企業規模、業種は、図表序-8、図表序-9のように分類する。ここで簡単に示すと、企業規模は、「1,000人未満」、「1,000人〜3,000人未満」、「3,000人以上」の3群に分ける。業種は、1.マスコミ、2.情報・通信、3.商社・卸、4.金融・保険、5.製造、6.建設、7.小売、8.サービス、9.運輸・郵便の9つの業種に分類し、分析を行う。

(3) 企業事業部門——インタビュー

分析に用いるデータ

　企業事業部門については、事業部門の管理職者を対象として2019年に行ったインタビュー内容をテキスト化したものを対象とする。インタビュー協力者は、営業、開発、研究部門など事業部門で、課長、部長などの管理職経験がある者とした（**図表序-10**）[39]。企業規模は図表序-10に示した通りだが、さらに確認すると従業員10,000人以上の企業が5社あり、中小企業に分類される300名以下の企業は3社であった。本インタビューは、企業が求める〈主体性〉のなかでも、大企業の管理職者が求める〈主体性〉について主に示すことになる。

分析方法

　インタビュー協力者である管理職者の発言から、管理職者は〈主体性〉という言葉で何を意味しているのか、〈主体性〉を求める理由、また〈主体性〉の育成の様相などについて分析する。

　インタビューは、次の2つの視点から分析を行う。まず、1つめは経済団体、企業採用部門の分析で示された結果に対して、さらに詳細に検討するためにインタビューを用いて検討することである。これによって企業が求める〈主体性〉について、仕事の内実を含んだより深い分析ができるものと考える。2つめは、企業事業部門で行われる社員の資質・能力の評価や育成について

図表序 -10　インタビュー協力者

仮名	業種	従業員数
M1	製造	3,000 人以上
M2	製造	3,000 人以上
M3	製造	3,000 人以上
M4	製造	3,000 人以上
M5	製造	3,000 人以上
I6	情報・通信	3,000 人以上
I7	情報・通信	3,000 人以上
I8	情報・通信	3,000 人以上
I9	情報・通信	3,000 人以上
I10	情報・通信	1,000 人〜 3,000 人未満
I11	情報・通信	1,000 人〜 3,000 人未満
I12	情報・通信	1,000 人〜 3,000 人未満
I13	情報・通信	1,000 人〜 3,000 人未満
R14	小売	1,000 人未満
R15	小売	1,000 人未満
F16	金融・保険	1,000 人未満
F17	金融・保険	1,000 人未満
I18	情報・通信	1,000 人未満
R19	小売	1,000 人未満
R20	小売	1,000 人未満

仮名	業種	従業員数
M21	製造	3,000 人以上
M22	製造	3,000 人以上
M23	製造	3,000 人以上
I24	情報・通信	1,000 人〜 3,000 人未満

分析することである。若手社員への職場内教育（OJT）が行われる事業部門を対象とすることで、仕事の現場で行われている〈主体性〉の評価や育成の様相について明らかにすることを試みる。

4．本書の構成

　本書は、第 1 章から第 4 章で分析結果を示し、終章では各章の結果をまとめるとともに、総合的な考察を行う（**図表序-11**）。

　第 1 章では、近年[40]、「企業は〈主体性〉を求めているのか」を明らかにするために、経済団体の提言を対象とした計量テキスト分析を行う。企業採用部

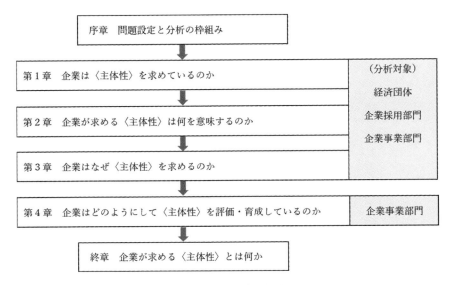

図表序-11　本書の構成

門についても、同様に計量テキスト分析により、近年の〈主体性〉要求について検討する。さらに、企業事業部門では、営業、開発部門等の管理職者へのインタビューによって、仕事の現場での〈主体性〉要求について検討する。

　続く第2章では、「企業が求める〈主体性〉は何を意味するのか」を示すために、経済団体、企業採用部門については計量テキスト分析により検討を行う。これらの分析では時間軸を用い、例えば、2000年頃の〈主体性〉の意味と2020年頃のそれとの比較を行うことで、近年の企業が求める〈主体性〉の意味について示すことを試みる。また、事業部門については、仕事の場において〈主体性〉がどのような意味で用いられているのか、管理職者らの語りから〈主体性〉が内包する意味について分析を行う。

　第3章では、「企業はなぜ〈主体性〉を求めるのか」について、経済団体、企業採用部門については、テキストを直接解釈することで検討する。企業事業部門については、事業部門の管理職者らが、若手社員に〈主体性〉を求める理由について、その語りから分析を行う。

　第4章では、主に企業事業部門の管理職者へのインタビューを対象として、

「企業はどのようにして〈主体性〉を評価・育成しているのか」について分析する。まず、〈主体性〉のような見えづらいものが、企業においてどのように評価されているのか、管理職者らの語りから分析する。次に、企業における〈主体性〉の育成については、企業では〈主体性〉育成が自明のこととされているのか確認したのちに、管理職者ら自身の旧来の〈主体性〉獲得（育成）と比較して、近年の〈主体性〉育成について分析を行う。

終章では、第1章から第4章の結果をまとめ、総合的な考察を行う。

では、次章より、企業が求める〈主体性〉について検討を進めよう。

注

1　資質・能力について決まった定義はないが、本書では、「主体性」、「コミュニケーション能力」など社会において求められる広範囲の能力を意味するものとする。

2　企業が求める資質・能力に関連して、資質・能力の枠組みについて確認しておくと、「キー・コンピテンシー」（Rychen & Salganik　2003=2006；OECD　2005）の背景には、マクレランド（McClelland　1973）のコンピテンシー・マネージメントの研究がある。マクレランドは、仕事等において高い成果を生む要因となる資質・能力をコンピテンス（competence）とした。「21世紀型スキル」（Griffin, McGaw & Care　2012=2014）は、その策定にあたり、米国などの政府や大学とともに、マイクロソフト、インテルなどの米国のIT企業とも協力している。「4次元の教育（four-dimensional education）」（Fadel, Bialik & Trilling　2015=2016）は、OECDの「2030年の教育」においても参照されているが、米国の機関（教育省など）や各種団体（P21.orgなど）で作られた資質・能力に関する既存の枠組み、雇用者側の要求（IBMの調査など）に関する情報などを統合し、体系化したとされる。また、日本の官庁によって「就職基礎能力」（厚生労働省　2004）、「社会人基礎力」（経済産業省2006）が示されている。これらは高等教育の能力概念としても援用されてきたことが指摘されており（松下　2010）、産学で様々な資質・能力の概念を共有しているといえる。「就職基礎能力」は、「前に踏み出す力」、「考え抜く力」、「チームで働く力」の3つに分類されており、「前に踏み出す力」の能力要素として「主体性」が示されている。「社会人基礎力」では、「職業人意識」の「責任感」の中で「主体性」が用いられている。「21世紀型スキル」では、メタ認知や動機づけ（内発的動機づけ）と関連して、「主体性」が学びに必要であるとされる。

3　『新たな未来を築くための大学教育の質的変換に向けて〜生涯学び続け、主体的に考える力を育成する大学へ〜（答申）』（中央教育審議会　2012）を意味する。

4 　朝日新聞、読売新聞の記事を対象として、「主体性」および「主体的」の出現数推移を調べた。読売新聞では、教育・労働分野の「主体性」、「主体的」の出現数も示している。新聞記事データベースとしては、聞蔵Ⅱ、ヨミダス歴史館を使用した。

5 　本田 (2005) は、「近代社会」のメリトクラシー下で人々に求められる能力を「近代型能力」とし、「ポスト近代社会」のハイパー・メリトクラシー下で求められる能力を「ポスト近代型能力」とした。「近代型能力」は、知識の習得度などいわゆる基礎学力を意味するものとし、他方、「ポスト近代型能力」は、意欲などの情動的な部分やネットワーク形成力などを含み、人間の全体や深部にまで及ぶとする。

6 　旧来、企業において〈主体性〉に類する資質・能力が、重視されていなかったわけではない。1969 年の「能力主義管理」（日経連能力主義管理研究会　[1969] 2001）においては、社員の自主性が重視されている。

7 　吉田 (2012) は、グローバル人材について検討し、経済団体の提言においてはグローバル人材が強く求められているものの、企業ではグローバル人材が求められていないという経済団体と企業のギャップについて指摘している。

8 　『雇用管理調査』（厚生労働省　2001）では、「専門的知識・技能」、「一般常識・教養」、「学業成績」、「創造性・企画力」、「語学力・国際感覚」、「理解力・判断力」、「行動力・実行力」、「熱意・意欲」、「協調性・バランス感覚」、「健康・体力」、「その他」が選択肢とされている。なお、厚生労働省 (1998) の同様の調査では、上記項目に加えて「ユニークな個性がある」及び「ボランティア活動を積極的にしていた」が用いられている。

9 　日本労働研究機構 (2000)、労働政策研究・研修機構 (2006、2007) とも、「採用したい人材」として、次の 8 項目が示されている：「専門分野の知識・技術の高い人」、「将来、経営管理のコアとなる人」、「起業家の資質がある人」、「リーダーシップを発揮できる人」、「独創性や企画力のある人」、「エネルギッシュで行動力のある人」、「誠実で、堅実に仕事をする人」、「協調性・バランス感覚がある人」。

10 　根本 (2004) では、「コミュニケーション能力」、「行動力」、「向上心」、「責任感」、「誠実さ」、「論理的思考力」、「バランス感覚」、「創造性」、「リーダーシップ」、「自立心」、「粘り強さ」、「清新さ」、「その他」を選択肢としている。

11 　岡部 (2010) は、「社会人としての常識・マナー」、「チームワーク力」など 22 の項目を選択肢としている。

12 　岩脇 (2004) は、『雇用管理調査』と岩脇の分析を比較し、〈主体性〉は政府や研究者には注目されてこなかったが、企業では広く用いられる概念であったことを指摘した。

13　岩脇（2006a）においては、『会社四季報学生就職版』2001 年版（東洋経済新報社 1999）、『就職四季報企業情報版』1986 年版（同社　1985）、および『リクルート会社総覧』1971 年版（日本リクルート社　1970）が用いられている。

14　麦山・西澤（2017）は、「変化対応力」、「課題解決能力」、「チャレンジ精神」などについて分析し、企業規模による差異があることを示した。

15　企業規模は、5 段階で示されている。企業規模による「自主性・主体性」の出現率を示すと、299 人以下 3.3%、300 〜 499 人 4.5%、500 〜 999 人 4.8%、1,000 〜 2,999 人 4.4%、3,000 人以上 17.4%であった。

16　小山（2010）の 13 社の採用基準において、〈主体性〉、もしくは「自分なり」という〈主体性〉に近い言葉が示されているのは 2 社に留まる。吉田（2020）では、9 社へのインタビューにおいて〈主体性〉への言及が明記されているのは 1 社のみである。

17　間接部門とは、業務が直接企業の利益に結びつかない部門のことをいい、採用部門などは間接部門とされる。他方、業務が直接企業の利益に結びつく営業、開発、研究などは直接部門といわれる。

18　仕事裁量に関して、村尾（1998）、長松（2006）は、役職が上がるほど仕事裁量が増えることを、浅尾（2007）は、非正規社員は一般社員より仕事裁量が少ないことを示した。他方、武藤（2021）は、「自分で仕事の範囲ややり方を決めることができる」を仕事裁量の指標として、20 歳代の若手社員でも、その約 40%が、仕事裁量があると認識していることを示し、また、社員の年齢に関わらず、仕事能力の高さが、直接的、間接的に仕事裁量を高めることを明らかにした。なお、これらの研究において、仕事裁量は、仕事の自律性、使用従属性などの言葉で扱われている。

19　デシ・フラストは、内発的動機づけとは、「活動することそれ自体がその活動の目的であるような行為の過程、つまり、活動それ自体に内在する報酬のために行う行為の過程を意味する」とし（Deci & Flaste　1995=1999）、その「報酬」とは、楽しさや、達成の感覚であるとした。

20　内発的動機づけは、1969 年に発行された人事労務管理に関する書籍でも取り上げられており（日経連能力主義管理研究会編　[1969] 2001）、企業の人材育成においても重要な視点である（中原編著　2006）。また、猪木武徳は、ホワイトカラーの仕事の成果に関連して、働く者の内発性に着目する必要性について述べている（石田　2006）。

21　吉川（2017）は、企業における〈主体性〉育成をテーマに、〈主体性〉に関する人材育成理論などの検討を行ったが、実際の調査対象は大学生に留まっている。

22　この実践プログラムの開発については、コンサルタントや研究者の支援を受

30

けていることが示されている。

23 小方（2001）は、企業人事・採用部門の担当者 6 名へのコンピテンシーに関するインタビューのなかで、企業の〈主体性〉育成について尋ねている。それに対して、人事部門担当者は、「主体性を持たせるというのは（中略）気がしますけどね」、「（前略）気がしていますね」「（前略）思うんですよね」「（前略）気がしているんですよ」と、それまでのコンピテンシーに関わる発言に比べて、曖昧な回答をしている様子を示している。

24 また松尾（2013）は、管理職者は、主体性不足の社員に対して、社員の成長可能性を信じ、内省を促すとしたが、これは人事部門などの管理職者 2 名へのインタビューから導かれたものであり、事業部門における〈主体性〉育成については明らかにされていない。

25 なお、これらの問いでは「企業」という言葉を用いているが、ここでは企業経営層が関わる経済団体も含めて検討する。

26 本書で扱う経団連の資料は、1990 年から 2001 年までは経済団体連合会が発行し、2002 年以降は日本経済団体連合会（経団連）が発行したものになる。経済団体連合会の資料も、日本経済団体連合会の資料も、ともに経団連の資料として示す。

27 『産業界の求める人材像と大学教育への期待に関するアンケート』（経団連 2011）の回答企業の企業規模を**図表注–1** に示す。

図表注 -1　経団連：アンケート回答企業の従業員数（2011 年）

従業員数 *	〜 300 名	300〜 500 名	500〜 1000 名	1000〜 2000 名	2000〜 5000 名	5 千〜 1 万名	1 万名以上	回答なし
社 数	22	16	35	69	77	36	38	17

＊ 国内単体の従業員数

出典：経団連, 2011,『産業界の求める人材像と大学教育への期待に関するアンケート』に基づき作成

28 各年代の文書数は、1990 年代は 1,922、2000 年代は 1,194、2010 年代は 2,401 であった。

29 Jaccard 係数は、次の式で定義される。

$$J(A,B) = \frac{|(A \cap B)|}{|(A \cup B)|}$$

Jaccard 係数は上記の式が示すように語 A と語 B のどちらも出現していない文が多数あったとしても、それにより AB 間の関連は変わらないため、スパース（sparse）なデータの分析に適しているとされる（樋口　2014）。

30 樋口は、中心性の高さは、その語がデータ中で重要な役割を果たす可能性を

示すとしている。

31　岩脇は、「主体性」、「主体的」や「自主性」などの語彙をまとめて「主体性」として
　　コード化したが、本書も「主体性」、「主体的」や「自主性」などを「主体性」コードと
　　して用いる。具体的な語彙とコード名の関係については、**図表注-2** に示す。経済
　　団体の提言には、学生や社員ではなく、大学や企業などを主語とする能力語彙も
　　含まれている。例えば、「大学が主体的に」、「企業が主体性を持って」などである。
　　このような文脈で用いられる語彙を対象外とするために、経済団体の提言の全ての
　　文章を読んだうえで、図表注-2 に示された語彙のうち、大学や教員、企業、高校
　　生などの生徒を主語として使用されている語彙は分析対象外とする処理を行った。

図表注 -2　能力語彙コード化（経済団体）

コード	語彙
主体性	主体性、主体的、自主性、自主的、自主、自発性、自発的、自発、自立性、自立的、自立、自律性、自律的、自律、自ら、自分なり、自分の、自分、自己
思考力	思考力、思考能力、考える力、考える、考え、思考、発想
行動力	行動力、行動、実行力、実行、実践
判断力	判断力、判断
解決力	解決力、解決能力、問題解決力、問題解決、課題解決、解決
創造性	創造性、創造的、創造力、創造、創作、創意、クリエイティブ
積極性	積極性、積極的、積極、能動性、能動的、能動
協調性	協調性、協調、協働、協力
コミュニケーション能力	コミュニケーション能力、コミュニケーション力、コミュニケーション、コミュ力

32　『会社四季報学生就職版』は 2001 年版まで出版されており、その後、『就職四
　　季報』の 2002 年版が出版されている。本書では採用部門が求める資質・能力を示
　　すにあたり、この『就職四季報』を対象として、約 10 年の間隔をあけて企業が求
　　める人材に関する記述を対象として分析する。

33　2011 年版以降は、書名に「総合版」が付加されているが、これは、『就職四季報
　　女子版 2011 年版』等が出版されているためである。『就職四季報』には、就活を
　　行う学生向けの企業情報として、社名、業種、事業内容、従業員数、賃金、福利
　　厚生や大卒採用実績等が掲載されている。また、2002 年版では「採用担当からの
　　一言」という欄に、また 2011 年版、2021 年版では「求める人材」の欄に、各企業
　　がどのような人材を求めるのか、「会社が新卒採用者に求める人物像」（東洋経済

新報社　2019) が 30 文字程度で記載されている。なお、2002 年版は、2000 年 12 月に出版されており、年版として示された年と実際の出版年には 1 年以上の差がある。『就職四季報』に掲載されている企業数は、2002 年版 885 件、2011 年版は 1,154 件、2021 年版は 1,303 件であった。

34　従業員数を掲載していない企業があるため、掲載企業数と、企業規模別の企業数の合計に差が生じている。本書では、企業規模の割合や、岩脇 (2004) の分類を参考にし、企業規模を「1,000 人未満」、「1,000 人～ 3,000 人未満」、「3,000 人以上」の 3 群に分けて扱う。

35　中小企業庁等が示すように、中小企業やそれ以外の企業数を比較すると、中小企業のうち小規模事業者 (製造業では従業員 20 名以下) の割合は 84.9％、それ以外の中小企業 (製造業の場合、資本金 3 億円以下、従業員数 300 人以下) は 14.8％、大企業は 0.3％ である。また、従業員数をみると、小規模事業者従業者の割合は 22.3％、それ以外の中小企業従業者の割合は 46.58％、大企業は 31.23％ である (中小企業庁編　2020)。

36　『日本標準産業分類』(総務省　2013) では、業種は 20 の大分類によって分けられている。『日本標準産業分類』では、マスコミと情報・通信が同じ大分類 (情報通信業) であったり、商社と小売が同じ大分類であったりと、就職先企業の業種としては、その分類をそのまま利用するのは適切ではないと考えられる。そこで『労働力調査 (基本集計)』(総務省　2020) や、厚生労働省の「産業別就業者構成割合の推移」(厚生労働省　2010)、また『就職四季報』の分類を参考にして、本研究における業種分類を決定した。

37　図表序 -9 では『就職四季報』各年の業種別の割合を示したが、どの年においても製造業が多い傾向がみられ、業種の構成割合には年による大きな差異はない。本書で用いる業種が、実際の労働者数をどのように反映しているのかを確認するために、『労働力調査 (基本集計)』(総務省　2020) で示された日本の業種別就業者の割合と比較を示す (**図表注-3**)。『労働力調査 (基本集計)』では、教育分野 (教員など)、公務員など、企業以外の業種も含まれているため、図表序 -9 で示した業種に対応した業種を抽出し、『就職四季報　総合版 2021 年版』の業種の割合との比較を行った。これをみると、本書が対象とするデータでは、マスコミや、情報・通信、製造、金融・保険が多く、他方、商社・卸、小売、および建設が少ない傾向がみられる。これは、小売や建設には、中小企業が多いことが影響していると考えられる。日本企業の業種構造をそのまま反映したものとまではいえないものの、企業に就職をしようとする大学生が、就職活動のターゲットとする企業群の企業規模、業種を反映していると考えられる。

図表注-3　労働力調査との比較

業種	2021 年版	労働力調査
マスコミ 情報・通信	12%	6%
商社・卸 小売	16%	27%
金融・保険	12%	8%
製造	39%	27%
建設	6%	13%
サービス	9%	10%
運輸・郵便	5%	9%
合計	100%	100%
	(N=1,303)	(N=38,500,000)

出典：『就職四季報』および総務省, 2020,『労働力調査（基本集計）』より作成

38　コード化にあたっては、対象データから能力に関する語彙の頻出度を調べ、頻度の高いものをコード化して利用するとともに、岩脇（2004）の分析も参考にした。具体的な語彙とコード名の関係については、**図表注 –4** に示す。

図表注-4　能力語彙コード化（企業採用部門）

コード	語彙
主体性	主体性、主体的、自主性、自主的、自主、自発性、自発的、自発、自立性、自立的、自立、自律性、自律的、自律、自ら、自分なり、自分の、自分、自己
思考力	思考力、思考能力、考える力、考える、考え、思考、発想
行動力	行動力、行動、実行力、実行、実践
判断力	判断力、判断
解決力	解決力、解決能力、問題解決力、問題解決、課題解決、解決
創造性	創造性、創造的、創造力、創造、創作、創意、クリエイティブ
積極性	積極性、積極的、積極、能動性、能動的、能動
協調性	協調性、協調、協働、協力
コミュニケーション能力	コミュニケーション能力、コミュニケーション力、コミュニケーション、コミュ力
チームワーク	チームワーク、チーム、巻き込む
リーダーシップ	リーダーシップ、リーダー
チャレンジ	チャレンジ、チャレンジ精神、チャレンジング、チャレンジャー、トライ、挑戦
情熱	情熱、熱意、熱い

明るい	明るい、元気、明朗
前向き	前向き、ポジティブ、プラス思考、プラス志向
好奇心	好奇心
成長	成長、向上心、向上、向学心
意欲	意欲
柔軟	柔軟、柔軟性
誠実	誠実
バイタリティ	バイタリティ、バイタリティー、エネルギー、パワー、活力、タフ
個性	個性、独創性、独創的、独自、ユニーク
粘り強い	粘り強い
努力	努力
専門性	専門性、専門
知識	知識
技術	技術
責任	責任、責任感

39　協力者の年齢は、40歳代から60歳代であった。インタビューについては2つの方法を取った。2019年1月から6月に40分から1時間半程度の半構造化インタビューを行った。また、同年に〈主体性〉に関する講演を実施し、そこでの事業部門の管理職者の発言を対象とした。

40　一般的に「近年」が示す期間は明確ではない。経済団体の分析では、2010年から2020年を現在にもっとも近い一期間としたことから、本書では基本的に2010年以降、2020年頃までを近年とする。「近年」については、多くの人が5年から10年ほど前までと認識しているとの見解もあり（毎日新聞校閲センター　2019）、本書の「近年」の用い方は、この一般的な認識にも近いといえる。

第1章
企業は〈主体性〉を求めているのか

本章の概要

　「企業は〈主体性〉を求めているのか」を明らかにするために、経済団体、企業採用部門、企業事業部門を対象として分析を行った。

　まず、経済団体の提言の分析によって、経済団体は〈主体性〉を求めていることを示した。また、経済団体が実施したアンケート結果を分析し、経団連が、2010年代に公表したアンケート調査結果によって、企業の〈主体性〉要求が可視化されたことを示した。

　さらに企業採用部門について、『就職四季報』を用いた計量テキスト分析によって、〈主体性〉は、能力に関する語彙のなかで、もっとも多く用いられていること、近年になるほど多く用いられ、他の能力語彙を大きく引き離すようになったことを示した。また、企業は、その企業規模や業種という企業属性に関わらず、一律に〈主体性〉をより求めるようになっていることを明らかにした。

　このように、経済団体、企業採用部門の分析からは、近年、企業は〈主体性〉をより強く求めていることが示された。

　他方、企業事業部門においても、管理職者らは、若手社員に対して、〈主体性〉を強く求めていた。しかしながら、企業事業部門の分析で示されたのは、すべての社員に一律に〈主体性〉が求められているわけではないことである。企業の内部においては、非正規社員や定型業務を担う社員には、それほど〈主体性〉は求められておらず、「非定型業務を担う正社員」である若手社員を対象として限定的に、〈主体性〉が強く求められているのである。

36

　企業は〈主体性〉を求めているのだろうか、経済団体、企業採用部門、企業事業部門それぞれを対象として企業の〈主体性〉要求について検討していこう。具体的には、〈主体性〉などの能力語彙の出現率を年代別に比較することで、各年代においてそれぞれの能力がどれほど重視されていたのかについて分析する。

---

1. 経済団体

　まず、経済団体の提言を対象として、経済団体の〈主体性〉要求がどのように変化してきたのかについて検討していく。

(1) 求められる〈主体性〉
継続して求められる〈主体性〉
　経済団体の提言における〈主体性〉などの能力語彙の出現率について、年代別変化を示したのが**図表 1-1** である。まず、〈主体性〉と他の能力語彙を比較すると、1990 年代、2000 年代、2010 年代のいずれにおいても、〈主体性〉の出現率はもっとも高いことがわかる。1990 年代および 2000 年代の〈主体性〉の出現率はともに 5％台であり、2010 年代ではやや下がって 3％台であるが、それでも他の能力語彙と比較するともっとも高い。出現率から考えると、〈主体性〉は、1990 年代、2000 年代、2010 年代のいずれの年代においても、もっとも求められている資質・能力であるといえよう。
　次に〈主体性〉以外の能力について、1990 年代と 2010 年代の出現率を比較

図表 1-1　能力語彙の出現率 (経済団体)

%

	主体性	思考力	行動力	解決力	創造性	判断力	積極性	協調性	コミュニケーション能力
1990 年代	5.8	2.3	2.7	0.6	4.9	0.3	0.4	0.3	0.5
2000 年代	5.5	1.9	1.5	0.3	1.6	0.5	0.1	0.3	1.5
2010 年代	3.5	1.3	1.0	2.0	1.2	0.3	0.9	1.1	1.4

し、年代による違いについて確認しておこう。まず、1990 年代から 2010 年代にかけて大きく減じたのは、「創造性」である。「創造性」は、1990 年代には 4.9％と、〈主体性〉に続き 2 番目に多く使用されていたものの、2010 年代には 1.2％と 3.5 ポイント以上も減少している。図表序-5（19 頁）の経団連の提言をみると、1990 年代には『創造的な人材の育成に向けて』（経団連　1996）とタイトルに「創造」が含まれた提言があり、「創造性」は 1990 年代のある種の流行り言葉であったものと考えられる。他方、2010 年代になってより多く出現するようになったのは、「解決力」、「コミュニケーション能力」、「協調性」である。「解決力」は 2010 年になってから、多く用いられており、何らかの問題を解決するという具体的な結果が求められるようになったことを反映していると思われる。

　また、「コミュニケーション能力」や「協調性」のように、他者と関わる能力が求められるようになっていることが、2010 年代の傾向である。

　ここまでをまとめると、この経済団体の提言を対象とした分析からは、1990 年以降、経済団体は〈主体性〉を求め続けており、2010 年以降には、何らかの問題を解決する「解決力」とともに、他者に関わる「協調性」や「コミュニケーション能力」をも求めるようになったといえるだろう。

求められる資質・能力の年代別特徴

　次に、経済団体が求める〈主体性〉や、他の資質・能力について、1990 年代、2000 年代、2010 年代それぞれの特徴を確認するために対応分析を行った（**図表 1-2**）。この対応分析では、各年代が四角で示され、1990 年代、2000 年代、2010 年代にどのような語彙が特徴的に用いられているのか確認できる。各語彙は円（バブル）で示されており、その円の大きさはその語彙の出現頻度を意味している。年代と各語彙の関係については、語彙出現において特徴のない語彙が原点 (0,0) の付近にプロットされ、原点からみて各年代の方向にプロットされている語、特に原点から離れている語ほど、その年代を特徴づける語彙であると解釈することができる（樋口　2014）。

　図表 1-2 では、〈主体性〉、「思考力」は原点近くにあることから、どの年代

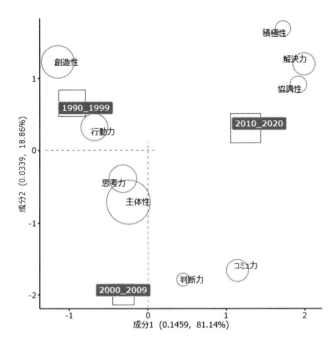

図表 1-2　対応分析 (経済団体)

においても〈主体性〉や「思考力」は、求められる能力であるとみることがで
きる。他方、各年代で特徴的な語彙は、1990 年代は前述したように「創造性」
であり、2010 年代は「協調性」、「解決力」、「積極性」である。2010 年代には、
なんらかの問題を解決することとともに、他者との「協調性」が重視される
ようになったことが改めて確認された。

(2) 経団連のアンケート調査によって注目された〈主体性〉

　経団連や経済同友会などの経済団体は、広く社会に向けて各種提言を示す
だけでなく、企業を対象としたアンケート調査を実施している。ここでは、
経済団体が実施したアンケート調査の調査項目、および回答を用いて、企業
は新入社員となる学生にどのような資質・能力を求めてきたのかについて検
討していこう。

　1990 年以降、経団連は 1997 年に『企業の採用方法の変化と人材育成に対する意識調査結果概要』を公表し、7 年後の 2004 年、さらに 7 年後の 2011 年には、企業を対象に行った人材や教育に関するアンケート結果を公開した（図表序-6）。また、2015 年には、グローバル人材に関するアンケート結果を、2018 年には 2015 年のアンケートと類似の内容を含む高等教育に関するアンケート結果を公表している[1]。

　他方、経済同友会は、1999 年に『「企業の採用と学校教育に関するアンケート調査」結果』を公開し、2004 年以降、2 年に 1 回、2018 年までに計 7 回、アンケート結果を示している。これらのアンケートから、企業が求める資質・能力とその変化をみていくこととしよう。

求められる「行動力」──含まれる〈主体性〉

　経団連、経済同友会のアンケートから、採用時に重視している資質・能力をまとめたのが**図表 1-3** である。ここでは詳細までは示していないが、1997 年の経団連の調査[2]では、企業が採用時に重視する上位 3 位は、「熱意・意欲（文系 84.3％、理系 71.5％）」、「協調性・バランス感覚（文系 55.6％、理系 33.8％）」、「創造性（文系 37.4％、理系 45.9％）」であった。またその次に重視されていたのは、「一般常識・教養（文系 27.8％、理系 10.3％）」である。他方、「学校の成績（文系 5.3％、理系 8.5％）」、「出身学部・学科（文系 4.3％、理系 18.2％）」のように、特に文系において学業はあまり重視されていないことがわかる。1997 年頃には、「熱意・意欲」、「協調性」、「創造性」が重視され、大学の成績などはあまり評価の対象とされていなかったようである。

　それから 7 年後の 2004 年の経団連のアンケート調査（経団連　2004b）[3]では、同年に出された『21 世紀を生き抜く次世代育成のための提言』に従って、「志と心」、「行動力」、「知力」の 3 つの力を備えた人材を求めるとした（**図表 1-4**）。この 2004 年のアンケート調査では、企業が求める資質・能力について、「志と心」、「行動力」、「知力」の 3 つの力という観点から調査するために、これを言い換えた調査項目（**図表 1-5**）によって測られている。そして、「志と心」は①〜③、「行動力」は④〜⑥、「知力」は⑦〜⑨に対応するとされている。

図表 1-3　企業が学生に求める資質・能力（経済団体アンケートより）

	経団連アンケート	経済同友会アンケート＊
1997	「熱意・意欲」「協調性・バランス感覚」「創造性」	
1999		「行動力・実行力」(69.8%)，「熱意・意欲」(67.4%)
2004	「志と心」「行動力」「知力」→コミュ力不足の指摘	「熱意・意欲」(71.7%)，「行動力・実行力」(49.8%)
2006		「熱意・意欲」(67.1%)，「行動力・実行力」(52.3%)
2008		「熱意・意欲」(77.2%)，「行動力・実行力」(49.5%)
2010		「熱意・意欲」(70.3%)，「行動力・実行力」(60.5%)
2011	「主体性」「コミュ力」「実行力」→「主体性」が最も不足	
2012		「熱意・意欲」(70.3%)，「行動力・実行力」(60.5%)（「コミュ力」はチームワーク力の一部として選択肢に入る）
2014		「コミュ力※」(91.9%)，「行動力・実行力」(78.2%)
2015	「主体性」「コミュ力」が期待される	
2016		新卒採用者の資質・能力を問う質問に変更。「十分備わっている」と回答した割合は次の通り：「課題設定力・解決力」(29.1%)，「耐力・胆力」(26.5%)，「異文化適応力」(26.1%)，「コミュ力」(40.7%)
2018	「主体性」「実行力」が期待される	

＊ 経済同友会アンケートの選択肢に「主体性」は無い

※「コミュ力」にはチームワーク力と協調性等を含む

出典：経団連・経済同友会の資料より作成

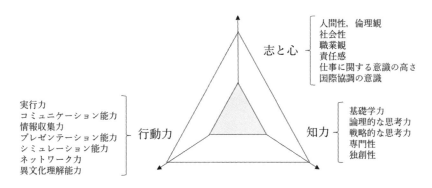

図表 1-4　産業界が求める 3 つの力

出典：経団連, 2004b,『企業の求める人材像についてのアンケート結果』より作成

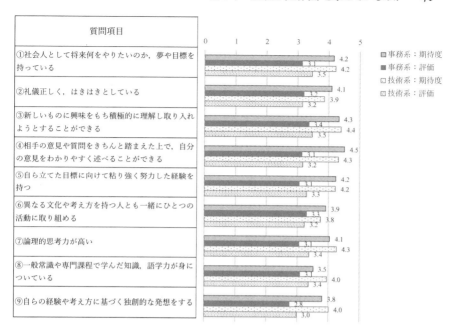

図表 1-5　採用時の期待度と実際の評価（事務系・技術系）
出典：経団連，2004b，『企業の求める人材像についてのアンケート結果』より作成

　そのうち「行動力」に対応する④～⑥では、「④相手の意見や質問をきちんと踏まえた上で、<u>自分の意見をわかりやすく述べる</u>ことができる」、「⑤<u>自ら立てた目標</u>に向けて粘り強く<u>努力した経験</u>を持つ」、「⑥異なる文化や考え方を持つ人とも一緒にひとつの活動に取り組める」の3つの質問項目が用いられている。これらの質問項目からは、ここでいう「行動力」は、自ら考え何らかの行動を取ることを含んでいるといえよう。

　この調査結果は、事務系人材と技術系人材のそれぞれについて示されており、「行動力」の3項目の中で、事務系でも技術系でももっとも重視されているのは、「相手の意見や質問をきちんと踏まえた上で、<u>自分の意見をわかりやすく述べる</u>ことができる」である。特に事務系では、9項目のうちもっとも重視されており、技術系でも、「新しいものに興味をもち積極的に理解し取り入れようとすることができる」の次に重視されている。しかしながら、

42

それに関して学生に対する評価は高いとはいえず、企業はそこにギャップを感じているものと考えられる。

　ここまで確認してきたように、経団連は2004年に「志と心」、「行動力」、「知力」の3つの力を求めていた。次に経団連が、企業が求める資質・能力等に関するアンケート結果を示すのは2011年である。次に、2011年以降のアンケート結果をみてみよう。

求められる／不足している〈主体性〉

　2011年の経団連『産業界の求める人材像と大学教育への期待に関するアンケート結果』では、経団連会員企業および非会員企業を対象としたアンケート調査を行っている（回答企業数：596社）。この調査では「大学生の採用に当たって重視する素質・態度、知識・能力」のひとつとして、はじめて「主体性」が選択肢とされた（**図表1-6**）。なお、この調査では、2004年に示された「志と心」、「行動力」、「知力」の3つの力は用いられていない。

　2011年の調査では、「主体性」、「コミュニケーション能力」などについて、「非常に重視する」から「重視しない」までの5件法で確認している。その結果をみると、「主体性」は4.6ともっとも高く、次の「コミュニケーション能力」、「実行力」は4.5、「チームワーク・協調性」は4.4となっている。2011年頃には「主体性」を「非常に重視する」企業が多かったといえよう。

　同アンケートでは、「最近の大学生に不足していると思われる素質・態度、知識・能力」についても確認している（**図表1-7**）。その結果、学生にもっとも不足しているものとして「主体性」が上げられており、回答企業596社のうち523社、少なくとも87%の企業が、学生の〈主体性〉不足を指摘している。他方、第2位、3位の「職業観」、「実行力」の不足を指摘するのは300社台に留まる。

　この結果から、2011年頃には、〈主体性〉は、企業がもっとも求めるものであり、その〈主体性〉が学生にもっとも不足しているという、企業の〈主体性〉要求と、学生の〈主体性〉にギャップが生じていたといえよう。

　それから4年後の『グローバル人材の育成・活用に向けて求められる取り

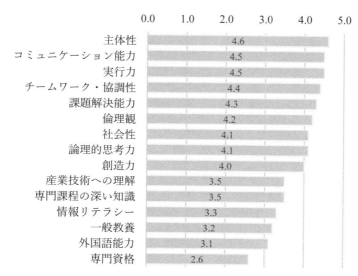

図表 1-6　大学生採用にあたり重視する素質・態度，知識・能力

出典：経団連, 2011,『産業界の求める人材像と大学教育への期待に関するアンケート結果』より作成

図表 1-7　最近の大学生に不足していると思われる素質・態度等

	第 1 位	第 2 位	第 3 位
素質・態度	主体性　523 社	職業観　361 社	実行力　322 社
知識・能力	創造力　407 社	産業技術への理解　396 社	コミュニケーション能力　346 社

出典：経団連, 2011,『産業界の求める人材像と大学教育への期待に関するアンケート結果』より作成

組みに関するアンケート結果』(経団連　2015) においても、2011 年と同様に、学生に期待する素質・能力の筆頭は「主体性」とされた (**図表 1-8**)。この 2015 年調査では、順位によって重みづけした点数が使用されたため、企業がより重視する資質・能力が、より上位に位置することになり、2011 年調査よりも差異が明確になっている。この 2015 年調査を読むと、「「主体性」と「コミュニケーション能力」の 2 つが突出して高いポイント」となったことが記載されており、企業の〈主体性〉要求が図表と記述の両面で明示的に示されたといえる。

　さらに 2018 年にも経団連によって同様の調査が行われており (経団連

44

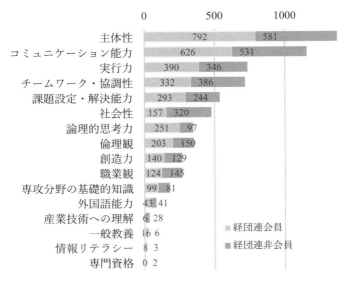

図表 1-8　企業が学生に期待する素質・能力・知識

出典：経団連, 2015,『グローバル人材の育成・活用に向けて求められる取り組みに関するアンケート結果』
より作成

2018a)、**図表 1-9** に示すように、もっとも重視されているのは「主体性」である[4]。

　2011 年以降、経団連が実施した企業を対象としたアンケート調査によって（経団連　2011、2015、2018a）、〈主体性〉は、学生の採用にあたってもっとも重視する資質・能力として可視化されたといえよう。

アンケートにみる企業規模による差異

　この 2018 年のアンケート結果（図表 1-9）を、企業規模という観点から、もう詳しくみてみよう。アンケートの回答企業は、経団連会員企業 258 社、および経団連非会員企業（地方経済団体に加盟する経団連非会員企業）185 社であり、経団連非会員企業には中小企業が含まれている。経団連会員企業と、中小企業を含む経団連非会員企業の差異として示されたのは、経団連非会員企業では、より「社会性」が重視されることである。具体的には、「社会性」は、文系では経団連非会員企業で 3 位であるのに対し、経団連会員企業では 8 位。

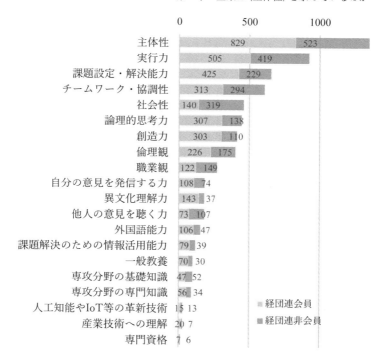

図表 1-9　企業が学生に求める資能・能力・知識 (文系)

出典：経団連, 2018a,『高等教育に関するアンケート結果』より作成

　また、ここには示していないが、理系では、経団連非会員企業では 3 位であるのに対して、経団連会員企業では 10 位と顕著な差があった。大企業よりも中小企業において「社会性」と言われるものが重視される傾向があると考えられる。

　では次に、経済同友会が実施したアンケートについて検討しよう。図表 1-3 で示したように、経済同友会の 1999 年から 2016 年のアンケート調査では、「主体性」は選択肢になっていない。「コミュニケーション能力」に着目すると、経済同友会では、2012 年にはじめて「チームワーク (コミュニケーション能力、協調性等)」が、新卒採用の際に重視される資質等として示された。その 2 年後の 2014 年のアンケートでは、コミュニケーションに関する選択肢が、「コミュニケーション能力 (チームワーク力、協調性等)」と修正され、「コミュニケー

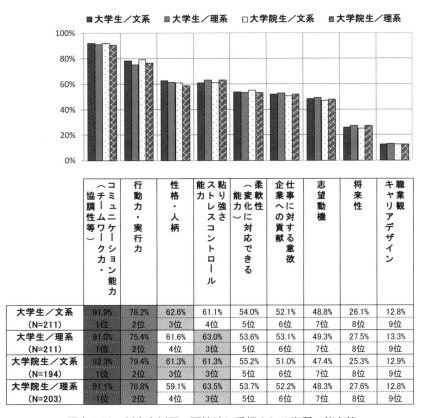

図表 1-10　新卒者採用で面接時に重視される資質・能力等

出典：経済同友会, 2014,『「企業の採用と教育に関するアンケート調査」結果』より抜粋

ション能力」がもっとも求められる能力とされた（**図表 1-10**）。このアンケートの回答企業の企業規模をみると、従業員 1,000 人未満の企業が 44.7％であり、うち 300 人未満の企業が 22.4％と 2 割以上含まれている。経済同友会の調査では、規模がそれほど大きくない企業が求める資質・能力が示されていると思われる。

　経団連と経済同友会のアンケート結果からは、中小企業や規模がそれほど大きくない企業においては、「社会性」や「コミュニケーション能力」がより重視されているものと考えられる。

2010年代以降の〈主体性〉要求の可視化

1990年代以降、経団連、および経済同友会が実施したアンケート結果を
みる限り、企業は〈主体性〉を求めてきたものの、継続的に〈主体性〉を重視
していたものではなかった。しかしながら、2011年以降、経団連が実施し
たアンケート調査において、〈主体性〉が選択肢となり、学生の採用にあたっ
てもっとも重視する資質・能力とされた。2010年代以降、この大企業経営
層が関わる経団連が示したアンケート結果（経団連 2011、2015、2018a）によっ
て、企業の〈主体性〉要求が可視化されたといえよう。

しかしながら、これらのアンケートでは、その企業が求める〈主体性〉とは、
いったい何を意味するのかまでは記載されていない。企業が求める〈主体性〉
の意味は、このアンケートの回答者、つまり企業社員が考える〈主体性〉に
ゆだねられているのである。

では、企業の採用部門でも〈主体性〉は求められているのだろうか、これ
については次節で検討していく。

2. 企業採用部門

企業採用部門は、経済団体と同様に、〈主体性〉を求めているのだろうか。
ここでは、『就職四季報』の「求める人材」に記載されている文章を対象とし
て分析する。

企業が採用にあたって重視する能力に関する語彙は、出現率が高まると考
えられるため、企業採用部門の〈主体性〉要求を、能力語彙の出現率によっ
て読み解いていく。また、2002年、2011年、2021年の3時点のデータを比
較することで、〈主体性〉要求の変化についても確認する。さらに、企業規
模や業種によって、〈主体性〉要求に差異があるのか、という観点からも分
析を行う。

(1) 求められる〈主体性〉

まず、2002年、2011年、2021年の3時点の各能力語彙の出現率を確認し

48

図表 1-11　能力語彙の出現率（採用部門）

%

	主体性	思考力	行動力	判断力	解決力	創造性	積極性	協調性	コミュニケーション能力	チームワーク
2002年（β）	**22.7**	15.6	**20.1**	0.5	1.2	14.8	10.9	1.6	2.5	0.5
2011年	**30.3**	18.7	**24.9**	0.6	1.7	9.9	7.9	1.7	7.7	2.8
2021年（α）	**36.7**	25.2	30.3	0.8	2.5	8.3	6.2	4.4	9.9	8.8
α - β	＋＋	＋	＋＋			－			＋	＋

	リーダーシップ	チャレンジ	情熱	成長	明るい	柔軟	バイタリティ	個性	意欲	前向き
2002年（β）	1.8	**26.4**	4.4	6.1	8.5	11.1	11.3	7.5	7.9	7.1
2011年	1.4	**26.5**	7.5	8.9	7.0	7.0	6.2	2.9	10.2	8.3
2021年（α）	2.5	**34.1**	8.6	11.0	4.5	5.1	4.1	2.3	8.6	7.5
α - β		＋				－	－			

	好奇心	粘り強い	努力	誠実	専門性	知識	技術	責任
2002年（β）	5.1	0.5	1.8	1.5	1.7	0.6	1.5	1.2
2011年	3.5	1.2	2.2	3.1	0.8	0.5	0.5	1.7
2021年（α）	4.1	3.0	2.4	5.5	1.4	0.8	1.2	2.8
α - β								

よう（**図表 1-11**）。この表では、出現率の多寡をわかりやすく示すために、出現率が 20％以上のものを太字で示した。また、近年（2020 年頃）、どのような能力がより求められ、またどの能力が求められなくなったのかを示すために、2021 年と 2002 年の比較を行った。具体的には、各語彙について、2021 年（αとする）の値から、2002 年（βとする）の値を減算し、その結果、α - β の値が 10 ポイント以上であれば（つまり 2002 年から 2021 年で 10 ポイント以上増加していれば）、「α - β」に＋＋を表示した。＋＋が示されている資質・能力は、2000 年頃と比較して、2020 年頃により求められるようになった資質・能力とみることができる。また、5 ポイント以上 10 ポイント未満の増加であれば＋を、逆に 5 ポイント以上減少していればーを表示した。

近年より求められる〈主体性〉

　まず、各年の〈主体性〉の出現率は、どの年においても20％以上と高い値を示している。さらに、2002年、2011年、2021年を比較すると、2002年の出現率は22.7％だが、2011年は30.3％、2021年には36.7％と2002年から2021年の間で14ポイント増加している。年を追うごとに〈主体性〉の出現率が増加していることから、〈主体性〉がより求められるようになったといえよう。ここで示した28の能力語彙において、α－βの値（つまり増加の程度）がもっとも大きいのも〈主体性〉である。

　この分析からは、企業採用部門は、「〈主体性〉を強く求めている」とともに、近年「〈主体性〉をより強く求めている」といえる。

　先行研究で検討した岩脇（2006a）は、『会社四季報学生就職版』等の分析により、1970年頃に比べて2000年頃には〈主体性〉要求がより高まってきたことを示唆したが、本分析によって、それ以降、2020年頃にかけて、〈主体性〉がさらに求められるようになっていることが示された。岩脇の分析と併せて考えると、1970年以降、2020年頃にかけて、〈主体性〉要求が高まってきたといえるだろう。

求められる行動力・思考力・チームワーク

　次に、〈主体性〉以外の資質・能力についてみてみよう。2021年に、〈主体性〉の次に求められているのは、「チャレンジ」（34.1％）、「行動力」（30.3％）、「思考力」（25.2％）である。また、2002年と2021年を比較すると、「行動力」は10ポイント以上、「思考力」は9ポイント以上、「チャレンジ」は7ポイント以上増加しており、これらは、近年より求められ、重視される資質・能力であるといえよう。

　他に増加傾向にある能力語彙としては、「チームワーク」（8.3ポイント増）、「コミュニケーション能力」（7.4ポイント増）がある。特に「チームワーク」については、2002年の出現率は、0.5％とほとんど用いられていなかったが、2021年には8.8％と高くなっていることが注目される。

他方、出現率が減少しているのは、「バイタリティ」(7.2ポイント減)、「創造性」(6.5ポイント減)、「個性」(5.2ポイント減)、「柔軟」(6ポイント減)であった。「創造性」や「個性」のように、個人に、他者とは異なる特性を求めるという視点は、減じているようにも思われる。

また、いずれの年でも変わらず求められているのは、「意欲」、「前向き」である。「意欲」や「前向き」は7%から10%程度の出現率を示しており、一定程度求められているとみることができる。逆に、いずれの年でもあまり使用されない出現率が2%以下のものは、「判断力」、「専門性」、「知識」、「技術」である。学生の採用にあたり、仕事に関する「判断力」や「専門性」、「知識」、「技術」については、それほど求められてはいないようである。

求められる資質・能力の年別特徴

採用部門が求める能力について、2002年、2011年、2021年の特徴を確認するために、各年と能力語彙の対応分析を行った(**図表1-12**)。各年が四角で示され、各語彙のバブル(円)の大きさはその語彙の出現回数を表している。前述したように対応分析では、出現に特徴のない語彙が原点の付近にプロットされ、特徴的な語は、原点からみて各年の方向にプロットされる。特に原点から離れている語ほど、その年を特徴づける語彙であると解釈される(樋口 2014)。

〈主体性〉を見ると、年による目立った特徴はなく、いずれの年でも〈主体性〉が求められているとみることができる。他方、各年で特徴的に使われる語彙としては、2002年は「創造性」、「バイタリティ」があり、他方、2021年では、「チームワーク」があげられる。1990年代に重視されていた個々人の「創造性」は、2021年頃には要求されなくなり、他方、他者に関わる「チームワーク」などがより重視されていることが改めて確認された。

(2) 大企業からすべての規模の企業へ

企業採用部門において、近年、〈主体性〉がより求められていることを示した。しかし、先行研究で示されたように、企業の属性によって〈主体性〉

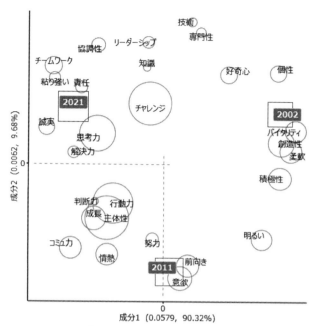

図表 1-12　対応分析（採用部門）

要求は異なるのかについては明らかではない。そこで、まず企業規模に着目して、企業の〈主体性〉要求について分析する。

　なお、ここまでの分析では、2002 年、2011 年、2021 年と年が上がるにつれ、〈主体性〉がより求められることを示した。そこで 2011 年を対象外としても〈主体性〉要求の傾向を示すことができると考え、2002 年と 2021 年の 2 時点を対象として、企業規模と〈主体性〉要求との関連について検討する。

　企業規模ごとに各語彙の出現率を示したのが**図表 1-13** である。ここでは〈主体性〉など 18 の能力語彙の結果を示している。この表では、出現率の傾向を見やすく示すために、出現率が 20％以上のものを太字で示している。また、年による差異をみるために、2021 年の出現率（α）から 2002 年の出現率（β）を減算し、その結果、10 ポイント以上（つまり、2002 年から 2021 年で 10 ポイント以上増加）であれば、「α - β」に＋＋を示し、5 ポイント以上 10 ポイント未満の増加は＋、逆に 5 ポイント以上減少したものには－を示した。

企業規模によらず求められる〈主体性〉

では、まず図表 1-13 の〈主体性〉の出現率を見てみよう。2002 年では、1,000
人未満：15.0％、1,000 人〜 3,000 人未満：22.8％、3,000 人以上：23.0％と、1,000
人未満の企業において、〈主体性〉の出現率がやや低い。企業規模があまり
大きくない企業においては、〈主体性〉要求がそれほど高くない様相がみら

図表 1-13　企業規模別

%

	主体性	思考力	行動力	判断力	解決力	創造性	積極性	協調性	コミュニケーション能力
2002 年（β）									
1,000 人未満	15.0	14.5	16.8	0.6	0.6	11.0	9.8	1.2	4.6
1,000 人〜 3,000 人未満	**22.8**	16.3	18.7	0.3	1.1	14.6	11.4	2.4	2.2
3,000 人以上	**23.0**	15.7	**23.3**	0.6	1.7	16.9	10.8	0.9	1.7
2021 年（α）									
1,000 人未満	**33.7**	24.4	28.0	0.8	1.8	6.7	5.1	2.3	14.1
1,000 人〜 3,000 人未満	**33.6**	23.7	**32.9**	0.7	3.1	8.8	6.9	3.7	10.0
3,000 人以上	**31.1**	26.8	28.7	0.8	2.1	9.1	6.2	3.0	5.1
α - β									
1,000 人未満	＋＋	＋	＋＋						＋
1,000 人〜 3,000 人未満	＋＋	＋	＋＋			−			＋
3,000 人以上	＋	＋＋	＋			−			

	チームワーク	リーダーシップ	チャレンジ	情熱	成長	明るい	柔軟	バイタリティ	個性
2002 年（β）									
1,000 人未満	0.0	3.5	17.3	2.9	8.1	13.9	11.0	6.4	4.1
1,000 人〜 3,000 人未満	0.8	1.9	**25.8**	4.9	5.2	8.1	11.9	12.7	6.2
3,000 人以上	0.0	0.9	**31.1**	4.7	6.1	6.1	10.2	12.2	9.3
2021 年（α）									
1,000 人未満	7.5	2.8	**28.3**	6.9	12.3	6.2	3.6	3.9	1.3
1,000 人〜 3,000 人未満	9.1	2.4	**33.6**	8.6	10.6	4.7	6.0	3.8	0.9
3,000 人以上	8.9	2.4	**40.8**	10.2	10.2	2.4	5.1	4.8	4.0
α - β									
1,000 人未満	＋		＋＋			−			−
1,000 人〜 3,000 人未満	＋		＋		＋				−
3,000 人以上	＋		＋	＋		−		−	−

れた。

　しかしながら、2020 年頃になるとその様相が一変する。2021 年には、どの企業規模においても、〈主体性〉の出現率が 30％以上になり（1,000 人未満：33.7％、1,000 人〜 3,000 人未満：33.6％、3,000 人以上：31.1％）、企業規模に関わらず、〈主体性〉がより求められるようになっているのである。2002 年と 2021 年の〈主体性〉の出現率を比較すると、1,000 人未満の企業では、18 ポイント以上高くなり、1,000 人〜 3,000 人未満で 10 ポイント以上、3,000 人以上の企業では 8 ポイント以上高い。2020 年頃には、〈主体性〉は、どの企業規模でもより求められるようになったといえる。

　2021 年の〈主体性〉と他能力語彙を比較すると 1,000 人未満、および 1,000 人〜 3,000 人未満の企業では、〈主体性〉がもっとも求められている。また 3,000 人以上の企業においては、「チャレンジ」（40.8％）がもっとも高いものの、次に求められているのは〈主体性〉であり、やはり〈主体性〉要求は高いといえよう。

他の資質・能力の企業規模別検討

　〈主体性〉以外の能力語彙の企業規模による差異についても検討しておこう。

　「行動力」、「思考力」は、どの企業規模においても、2002 年より 2021 年の出現率が高くなっている。また、2021 年には、「行動力」、「思考力」の出現率について、企業規模による差異はほとんどみられない。「行動すること」と「考えること」は、企業規模に関わらず、より求められるようになった資質・能力といえる。

　他方、「チャレンジ」は、「行動力」、「思考力」とは異なる傾向をみせる。2002 年には、規模の大きい企業で「チャレンジ」の出現率が高い傾向があり、2002 年と 2021 年を比較すると、どの企業規模でも出現率の増加が認められるが、2021 年では、従業員 3,000 人以上の規模の大きい企業で、特に「チャレンジ」が求められている。「チャレンジ」は、2021 年時点でも企業規模による差異がある資質・能力であるとみることができる。

　他に増加傾向にある資質・能力としては、「コミュニケーション能力」、「チー

54

ムワーク」があげられる。「コミュニケーション能力」は、特に1,000人未満、および1,000人〜3,000人未満の企業において求められており（1,000人未満：14.1%、1,000人〜3,000人未満：10.0%、3,000人以上：5.1%）、増加も認められる。「コミュニケーション能力」は、規模がそれほど大きくない企業で、より求められると考えられる。

　他方、「チームワーク」は、2002年には、どの企業規模においてもほとんど使用されていなかったが、2021年には、どの企業規模でも7〜9%程度の出現率が示されている。「チームワーク」は、2021年頃には、新出の重要なワードとなり、どの規模の企業でも求められるものになっている。

　本項の分析によって、〈主体性〉は、企業規模にかかわらず、近年、より求められるようになっていることが明らかになった。また「行動力」、「思考力」という従来から重視されていた資質・能力だけでなく、他者に関わる「チームワーク」も、企業規模にかかわらず、より求められるようになったといえよう。

(3) 特定業種からすべての業種へ

　では、企業の業種によって、〈主体性〉要求に差異はあるのだろうか。企業を、9つの業種に分けた上で、2021年と2002年の2時点の各語彙の出現率を示したのが**図表1-14**である。2021年と2002年の差異を示すために、2021年の当該語彙の出現率（α）から2002年の出現率（β）を減算した結果、10ポイント以上（つまり、2002年から2021年で10ポイント以上増加）であれば、「α-β」に＋＋を示し、5ポイント以上10ポイント未満の増加は＋、逆に5ポイント以上減少したものには－、さらに10ポイント以上減少したものには－－を示した。

業種によらず求められる〈主体性〉

　まず、〈主体性〉をみると、2002年には業種によって差異があったことがわかる。〈主体性〉の出現率が20%を超える業種は、情報・通信、商社・卸、製造、小売、運輸・郵便と限定的であった。特に情報・通信、商社・卸の2

図表 1-14　業種別

%

	主体性	思考力	行動力	判断力	解決力	創造性	積極性	協調性	コミュニケーション能力
2002年(β)									
マスコミ	9.3	16.7	**24.1**	0.0	0.0	**20.4**	13.0	1.9	3.7
情報・通信	**30.3**	13.2	13.2	1.3	2.6	17.1	11.8	2.6	10.5
商社・卸	**28.6**	**20.6**	19.1	0.0	1.6	11.1	4.8	1.6	3.2
金融・保険	18.4	**20.8**	**22.4**	0.0	0.0	14.4	15.2	0.8	1.6
製造	**26.6**	14.5	**21.7**	0.3	1.5	15.6	9.3	1.7	1.7
建設	14.0	10.5	17.5	0.0	1.8	17.5	17.5	1.8	1.8
小売	**21.2**	15.2	**21.2**	1.5	0.0	6.1	9.1	1.5	1.5
サービス	15.8	11.8	10.5	1.3	1.3	13.2	9.2	0.0	0.0
運輸・郵便	**20.7**	17.2	**27.6**	0.0	3.5	13.8	10.3	3.5	0.0
2021年(α)									
マスコミ	14.5	9.7	11.3	0.0	0.0	9.7	4.8	0.0	16.1
情報・通信	**32.3**	**22.2**	**27.3**	0.0	1.0	7.1	6.1	2.0	14.1
商社・卸	**28.4**	18.4	**22.9**	0.0	2.8	11.0	8.3	4.6	11.9
金融・保険	**40.5**	**33.7**	**35.0**	0.6	3.1	9.2	8.0	2.5	9.8
製造	**41.1**	**26.2**	**32.4**	1.2	2.7	8.3	5.6	6.0	7.0
建設	**32.5**	**26.5**	**34.9**	1.2	2.4	6.0	9.6	4.8	15.7
小売	**43.0**	**32.0**	**34.0**	1.0	2.0	6.0	7.0	3.0	7.0
サービス	**33.6**	19.8	**27.6**	0.9	4.3	8.6	2.6	2.6	10.3
運輸・郵便	**30.9**	22.1	26.5	0.0	0.0	5.9	4.4	7.4	11.8
α - β									
マスコミ	＋	－	－－			－－	－		＋＋
情報・通信		＋	＋＋			－－	－		
商社・卸									＋
金融・保険	＋＋	＋＋	＋＋			－	－		＋
製造	＋＋	＋＋	＋＋			－			＋
建設	＋＋	＋＋	＋＋			－－	－		＋＋
小売	＋＋	＋＋	＋＋						＋
サービス	＋＋	＋	＋＋				－		＋＋
運輸・郵便	＋＋					－	－		＋＋

つづき

	チーム ワーク	リーダー シップ	チャレ ンジ	情熱	成長	明るい	柔軟	バイタ リティ	個性
2002年(β)									
マスコミ	0.0	0.0	9.3	3.7	1.9	9.3	18.5	5.6	11.1
情報・通信	1.3	2.6	**22.4**	6.6	7.9	9.2	7.9	7.9	4.0
商社・卸	0.0	0.0	**27.0**	6.4	4.8	15.9	14.3	9.5	4.8
金融・保険	0.0	4.0	**38.4**	4.0	6.4	8.8	14.4	15.2	7.2
製造	0.6	0.9	**27.8**	3.5	6.1	5.8	8.4	11.6	9.8
建設	0.0	1.8	**24.6**	5.3	10.5	5.3	14.0	**22.8**	5.3
小売	0.0	3.0	**22.7**	3.0	3.0	12.1	12.1	9.1	4.6
サービス	1.3	4.0	17.1	5.3	7.9	7.9	9.2	4.0	5.3
運輸・郵便	0.0	0.0	**27.6**	6.9	3.5	17.2	10.3	13.8	3.5
2021年(α)									
マスコミ	3.2	0.0	12.9	12.9	3.2	4.8	8.1	6.5	8.1
情報・通信	9.1	1.0	**30.3**	12.1	14.1	1.0	3.0	2.0	2.0
商社・卸	6.4	2.8	**28.4**	7.3	5.5	6.4	3.7	4.6	0.9
金融・保険	8.0	1.8	**43.6**	11.7	17.8	3.1	8.6	4.3	3.1
製造	12.6	2.1	**39.5**	8.3	9.3	2.7	4.1	3.1	2.5
建設	3.6	3.6	**28.9**	7.2	13.3	8.4	3.6	9.6	0.0
小売	1.0	5.0	**27.0**	2.0	8.0	14.0	3.0	4.0	1.0
サービス	9.5	4.3	**24.1**	5.2	16.4	4.3	9.5	2.6	1.7
運輸・郵便	5.9	2.9	**33.8**	11.8	10.3	4.4	2.9	7.4	1.5
α-β									
マスコミ				＋			－－		
情報・通信	＋		＋	＋	＋	－		－	
商社・卸	＋					－	－－		
金融・保険	＋		＋	＋	＋＋	－	－	－－	
製造	＋＋		＋＋					－	－
建設							－－		－
小売							－	－	
サービス	＋		＋		＋				
運輸・郵便	＋		＋		＋	－－	－	－	

業種では、〈主体性〉の出現率が 30％前後と高く、これらの業種では、2002年頃から〈主体性〉が強く求められていたといえよう。

　しかしながら、2021年では、その様相が変わる。マスコミ以外のすべての業種で〈主体性〉の出現率が 30％以上と高くなっている。2002年と 2021年を比較すると、この約 20年の間に、より〈主体性〉を求めるようになった業種は多い。金融・保険、製造、建設、小売、サービス、運輸・郵便では、10ポイント以上あがっており、特に金融・保険、小売では、20ポイント以上増加している。また、情報・通信、商社・卸は、2002年時点から〈主体性〉の出現率が 30％前後と高かったため、それほど増加はしていないものの、他の業種と同程度の出現率を示している。他方、マスコミは、他業種とはやや異なり、〈主体性〉要求はそれほど強くないものの、〈主体性〉の出現率の増加はみられる。

　2000年頃には、特定の業種で求められていた〈主体性〉は、2020年頃には、どの業種においても求められるようになったといえよう。

他の資質・能力の業種別検討

　次に、他の能力語彙をみると、「思考力」、「行動力」については、マスコミ以外の業種で増加傾向があった。まず、「思考力」を見ると、2002年も全業種で 10％以上であったが、2021年でさらに上昇傾向がみられ、2021年ではマスコミ以外の業種で 18％〜 33％程度となっている。他方、「行動力」は、2002年には 5 業種で 20％を超えており、2021年ではさらに上がる傾向がみられた。なお、マスコミでは、〈主体性〉の増加が少ないことを指摘したが、マスコミは、「思考力」、「行動力」が 2002年から 2021年で下がっており、ここでも他の業種とは異なる傾向を示している。

　次に、「コミュニケーション能力」、「チームワーク」について確認しよう。2002年の「コミュニケーション能力」は、情報・通信のみ 10.5％とある程度高いものの、他の業種ではほとんど言及されていなかった。しかしながら、そののち「コミュニケーション能力」の出現率は、すべての業種で増加し、2021年には、すべての業種でより求められるようになった。また、「チームワー

58

ク」は、2002 年には、どの業種でもほとんど用いられていなかったが、2021年には、すべての業種で求められる資質・能力になっている。

　ここまでの分析により、近年、〈主体性〉は、企業規模だけでなく、業種によらず一律に、より求められていることが明らかになった。「思考力」や「行動力」、また、他者と関わる「コミュニケーション能力」や「チームワーク」も、ほぼすべての業種でより求められている。

　では、仕事の場においては、社員に〈主体性〉は求められているのだろうか。次に企業事業部門における〈主体性〉要求について確認していこう。

3. 企業事業部門

　企業の事業部門、つまり営業、開発、研究などの部門は、企業の利益に直接結びつく事業を推進する場であるとともに、管理職者などが仕事を通して社員を育成する職場内教育 (OJT) が行われる場でもある。そこで、事業推進とともに、社員の育成にも関わる管理職者らは、若手社員に〈主体性〉を求めているのか、彼ら／彼女らの語りから、仕事の場での〈主体性〉要求について検討していく。

(1) 仕事の現場で求められる〈主体性〉
強く求められる〈主体性〉

　事業部門の管理職者は、若手社員に〈主体性〉を求めているのだろうか。その答えを先取りすると、インタビュー協力者 20 名のうち、19 名が「主体性は必要」、「大切」と述べていた。そして、管理職者らは、〈主体性〉が必要であると語るだけでなく、彼ら／彼女らが社員に〈主体性〉が必要と考える理由について、自分自身の経験に関連づけながら説明していた。また、若手社員の〈主体性〉の有無についても日常的に弁別していることを語った。

　〈主体性〉の意味や、〈主体性〉を求める理由については章を改めて検討するが、ここでは、管理職者が〈主体性〉が必要だと述べる際に、その理由についてどのように言及するのか、その様子についても示しておく。

「（筆者の質問（以下同様）：若手社員に主体性は必要か）<u>必要だと思います</u>。（主体性のある社員はどのような社員か）<u>主体的だなって思うメンバー</u>は、なんとなく自分で答えを出そうとしている。あがいてるって言うか、綺麗じゃなくても「考えてきました」みたいな回答を持ってくる傾向がある。」（I10）

「〈主体性〉は必要」と即答したのちに、〈主体性〉があると思うメンバーの特徴を述べている。また、社員の〈主体性〉を、社員の行動に結びつけて語っており、日常的に若手社員の〈主体性〉の有無を意識し、〈主体性〉を評価しながら社員に接していることがうかがえる。次の M2 は、〈主体性〉が必要だと述べた後に、その理由について、自分自身の経験と結びつけて語っていると思われる。

「（若手社員に主体性は必要か）<u>必要だと思う</u>。楽しく仕事するのに、自分で書いたシナリオを作っていかないと面白くないと思うんですよね。」（M2）

〈主体性〉が必要だと思う理由について、自身の仕事に関する考え（楽しく仕事をするためには、自分なりにシナリオを作ることが必要）と結びつけて語っていることから、M2 は、自分自身は主体的に仕事をすることによって、楽しく仕事をしていると認識していると思われる。次の I8 は、若手社員に〈主体性〉を求めるとともに、個人の成長にも〈主体性〉が必要だと語った。

「（若手社員に主体性は必要か）<u>思いますね</u>。自分でこう主体的に考えてるからこそ、何て言うんですか、<u>自分も成長するでしょうし、仕事も楽しいでしょうし</u>、やらされ仕事で、ちょっと語弊があるかもしれませんが、ちょっとこなしていくだけだと楽しくないはずなんで。将来を考えた時にそういうことを、<u>若い時から主体的にできるようになっていか</u>

ないと、年取ってから大変でしょうし。」(I8)

　〈主体性〉と仕事の楽しさだけでなく、個人の成長とも結びつけている。また、職位が上がる中堅社員以降になると、〈主体性〉を持っていないと「大変」と述べており、若手社員の将来のためにも、主体的に働いてほしいという願いを持っていると思われる。
　また、主体的に行う仕事の反意語として、「やらされ仕事」という言葉を使っていることが注目される。「やらされ仕事」は「こなしていく」ものとされているが、「やらされ仕事」は、自ら考えて行う仕事ではなく、他者に指示されたことを、その範囲内で「処理していく」仕事を意味していると考えられる。次のI7、M5も同様に、〈主体性〉と対比させて「やらされ仕事」を用いていた。

　「(若手社員に主体性は必要か) 主体性は必要ですね。やっぱりやらされ仕事ではなくて、自分で主体性を持つことによってやっぱり仕事に対する喜びも感じるでしょうし、意欲的に取り組むことで、仕事を楽しんでもらうっていうことをもっとやってほしいなと思います。」(I7)

　「(若手社員に主体性は必要か) 自ら考えるので、自分でやらなきゃいけないと、成長していくと言うか(中略)(主体性がないと困るか)自分(筆者注：管理職者自身のこと)が困るというよりも、本人が困るんじゃないかっていう気が一番強いですね。上に立つか下に立つか、やらされ仕事をずっとやるか、全員が全員そうなれるわけじゃないかもしれないですけど。」(I11)

　ここでも、主体的に行う仕事と異なり、「やらされ仕事」は楽しくないものと認識している様相が示されている。また、「上に立つか下に立つか」という言葉で、〈主体性〉と職位との関連を述べるとともに、〈主体性〉が無い場合には、「やらされ仕事をずっとやる」とされる。管理職者らは、〈主体性〉を持つことで、「上に立つ」、つまり、職位が上がると認識しており、〈主体性〉

がなければ下のまま、つまり職位が上がらないで、他者によって指示された「やらされ仕事」を行うことになると考えている。

次の R14 も、〈主体性〉がもっとも大切だと述べ、その対比として「やらされ仕事」を使っていた。

> 「(若手社員に主体性は必要か) 主体性がもっとも大事だと思ってまして。先ほどの話にも通じるんですけども、上司から言われてやる仕事、先輩から言われてやる仕事ばかりだと思います、最初は。自分が主体的にやろうと考えて動くと、だんだん面白くなってくるんですよ。主体性がなければ、まったくやらされ仕事で面白くもならないでしょうし。そこに工夫とかも発生しないでしょうから、やっぱり主体性を持つということは大事なんですね。」(R14)

新入社員の頃に、「上司や先輩から言われてやる仕事」が多いというのは、管理職者自身が若手社員であった頃の経験からもいえることであろう。しかし、自ら〈主体性〉を持って仕事をすることで、仕事が面白くなるだけでなく、上司や先輩などから指示されて行う「(面白くない) やらされ仕事」から脱却できると認識している。

ここまでみてきたように、管理職者自身は、〈主体性〉を持って仕事を進めることに様々な価値を見出しており、他方、〈主体性〉と対比的に語られる「やらされ仕事」を忌避している様子がうかがわれる。管理職者らは、〈主体性〉を持つことに価値を感じているからこそ、自分と同じ事業部門に所属し、業務推進を行う若手社員が〈主体性〉を持つことを望んでいるものと推測される。次の M5 も、〈主体性〉と「やらされ仕事」について対比的に述べるとともに、〈主体性〉が必要な理由についてすぐに語り始めた。

> 「(若手社員に主体性は必要か) 僕は必要だと思っています。 人から言われてやらされてる仕事なのか、そこに自分で価値を見出してやってるのか、動いてるものでも動力源がついていて動いてんのか、他の外にある力で

62

　動いてるのかっていうのは、傍から見て「動いてる」っていうのは一緒
　ですけれども、やっぱり持続性と言うのが違うでしょうし、最後に到達
　できる距離も違うでしょうし。」(M5)

　〈主体性〉が必要だとしたのちに、同じように動いている（＝仕事をしている）
としても、「人から言われてやらされている仕事」と「自分で価値を見出して
やっている仕事」では、持続性やアウトプットが異なると述べている。アウ
トプットや持続性の面からも、社員に〈主体性〉が必要だと考えているので
ある。
　他方、「若手社員に主体性は必要か」という質問に対して、「必要」と答え
なかったのは、R19 だけであった。

　「（若手社員に主体性は必要か）主体性っていうのはどう解釈するか、って
　ところがあると思っていて。自らが失敗を糧にして、成長していく、自
　分から発していくという認識でいいのかな。」(R19)

　〈主体性〉という言葉の捉え方について、上記のように筆者に確認をして
おり、日常的に「社員に〈主体性〉は必要である」との認識は持っていない様
子がうかがわれた。また、その後、R19 自身は、「気を使える」ことを重視す
ると述べた。

　「それはちゃんと、今与えられてる仕事に対して、しっかり向き合える。
　それはやっぱ周りに貢献、社会であったり、社内であったり、人であっ
　たり、人に貢献、気が使えるって言うかね。そういった「人に対して何
　かができる」って言うか、気が使えるっていう人間が、僕は一番望むか
　な。そういう人は、次はもっと多くやっちゃうんで、自ずと増えちゃう
　んですよね、仕事が。素直で、素直な子で、嘘つかないで、簡単にいえ
　ばそういう話。」(R19)

　R19 の「気が使える人間を望む」という発言からは、経団連のアンケート調査（図表 1-9）の「社会性」の重視が想起される。「社会性」は、中小企業において、より重視されていたが、R19 は中小企業に勤務する営業系の管理職者であった。また、R19 は、若手社員について、「気が使えて、素直な子」を望むと述べたが、それを社会性とすると、〈主体性〉よりも「社会性」を重視する管理職者も一定数いるものと考えられる。

　これらの管理職者の発言からわかるのは、事業部門の管理職者は、〈主体性〉を重要視しており、そのため若手社員の〈主体性〉の有無について弁別的であることである。また、〈主体性〉の必要性について、自身の経験や考えを交えながら語っており、管理職者ら自身は、自分が企業が求める〈主体性〉を持っているものと認識している。また、管理職者らは、〈主体性〉と対比的に「やらされ仕事」という言葉を用いており、〈主体性〉を持って仕事をすることは、他者から指示されて行う「やらされ仕事」から脱却することにつながると認識している。

若手／中堅社員に求められる〈主体性〉

　では、社員の年齢や経験によって、求められる〈主体性〉は異なるのだろうか。若手社員と中堅社員に求められる〈主体性〉の違いの有無について、管理職者の認識について確認しておこう。ここでいう中堅社員とは、30 歳代、40 歳代の社員のことを意味する。

　次の M4、I10、R20 は、若手社員であっても中堅社員であっても、求められる〈主体性〉は同じだと述べた。

　「（若手社員、中堅社員に求められる主体性に違いはあるか）研究員の場合は、関係ないかもしれないですね。後輩を育成していこうね、というところはあると思うんですけど、本人の主体性的には変わらないかもしれない。」(M4)

　「一緒じゃないかな。私の中では、そんなにあんまり差を考えたことは

ないですね。基本。」(I10)

「(若手社員、中堅社員に求められる主体性に違いはあるか) 主体性を求めるのは、同じですね。(中略) マネージメントと言うか、面倒を見るということは、後輩が出てくるので、中堅は自分の後輩の面倒を見るって言うところの内容は変わってくるんですけど。それを含めて一緒にやろうっていうことは、そっちの<u>主体性っていうか、それは同じですね。</u>」(R20)

　中堅社員になると、後輩の育成のような業務が加わるものの、若手社員と中堅社員に求められる〈主体性〉に違いはないと考えている。次のM1、I11も、若手と中堅では、役割や対象とする業務範囲が変わってくるものの、求められる〈主体性〉は同じだとした。

「若手と中堅の主体性の違い。主体性の違いって言うと、役割が違うのは当然あるけど、主体性に求められる、<u>主体性が違うっていうのはあんまりよくわからないですけど。</u>まあ役割の話。他の人たちを見てカバーしなさいみたいなそういう意味ですか。 視野をもうちょっと広く持つとかそういう話になるんですかね。」(M1)

「<u>一緒ですよね。</u>ただパワーと言うか。何て言うかな。上になればなるほど、ついてくるメンバーが増えるので、そういう意味だと、自分だけでよかったのが、だんだん数人数十人っていう、受け止めなきゃいけない、リーダーシップに近いかもしれないですけど、そういうとこあるかもしれないし、基本に考え方は一緒だと思います。」(I11)

　職位があがることにより、後輩の育成やリーダーシップ、マネージメントなど業務範囲に違いがでてくるものの、基本的には、若手社員と中堅社員に求める〈主体性〉は変わらないという。
　他方、若手社員、中堅社員に求められる主体性は違うと述べた管理職者も

いる。次の F16 は、自分の仕事の経験を積み重ねていく若手社員と、マネージメント業務まで担当する中堅社員では役割が異なるとし、その職位と役割によって発揮する〈主体性〉が異なるとみていた。

　「（若手社員、中堅社員に求められる主体性に違いはあるか）求められるものはやっぱり変わってくると思うんで。30 代になってくるということは、もう次は支店長っていうポジションになってくるんですね。そうすると<u>マネージメントだとか人を束ねるだとかそういった人の上に立ってまとめるっていう力が必要になってくる</u>と思うんで。そこの部分の主体性っていうのが非常に大事になってくると思いますね。<u>若い人はまだまだ人をまとめるということではなくて、自分が経験を積むっていうことの主体性ってのが中心</u>だと思うので。そういう意味で<u>主体性っていうのは自ずと変わってくる</u>かなと思ってます。」（F16）

　次の M5 も、若手社員には当該社員自身の仕事の推進が求められる一方、中堅社員になると組織を動かすことが求められることを、〈主体性〉の違いとして捉えていた。

　「（若手社員、中堅社員に求められる主体性に違いはあるか）思いますね。まず<u>若手であれば、まずは自分が思ってる事とかやりたい事とかまず発信</u>してくれればそれでいいと思うんですけど。僕らの年代になってくると、自分がこうしたいです、では不十分で、その熱を周りに伝えて組織としてどう動かしていくかっていうそこまで当然必要になってくるんで。求められるものは、<u>違う組織を巻き込んでうねりを作っていくっていう、そして動かしていくというところまでやっていかないといけないので、違うと思う</u>気がしますね。」（M5）

　このように、中堅社員になると、業務範囲も広がり、マネージメントが求められることから、若手社員と中堅社員の〈主体性〉が異なると述べる者も

いる。他方、前出の M4、R20、M1、I11 らは、中堅社員になると、リーダーシップやマネージメントが必要になるものの、〈主体性〉は同じと述べた。

どちらも若手社員と中堅社員では、自分の仕事に注力するのか、マネージメント業務が中心となるのかという業務範囲に違いがあることを述べている。若手社員と中堅社員では業務範囲は異なっているものの、〈主体性〉については同じように求められているとみることができるだろう。

経済団体、および企業採用部門の分析では、近年、企業は〈主体性〉を求めており、企業規模や業種に関わらず一律に、〈主体性〉をより求めるようになっていることを示した。企業事業部門の分析でも、仕事の現場において〈主体性〉は強く求められていた。では、このような仕事における〈主体性〉は、すべての社員に求められているのだろうか。

(2) 正規社員／非正規社員への〈主体性〉要求の差異

次の I24 は、企業の業種によって、〈主体性〉要求に差があると述べた。

「私は IT の会社なので、「社員は主体的にやってほしい」と会社全体で考えています。けれども、異業種のいろんな会社の方たちとお話をすると「主体性って必要？」という会社さんもあります。「言ったとおりにやる人が欲しい」という会社はゼロではないようです。」(I24)

企業規模や業種によらず一律に、〈主体性〉がより求められていると思われたが、個々の事例をみると、業種によって、〈主体性〉を重視するかどうかは異なるものと考えられる。次の M22 は大手メーカーの管理職者であり、自分が所属はしていないものの、工場においては、社員への〈主体性〉要求が異なると述べた。

「例えば工場では規律が重視されます。事故なく確実に行うことが大事な部署ではルールに厳格ですし、多分同じ社員でも、「主体性」というか「自由度」でしょうか、そういうところは違うと思います。」(M22)

　工場では事故を防ぐために規律遵守に重きが置かれ、そのため求められる〈主体性〉が異なるとする。同じ企業でも、社員が所属する部署によって〈主体性〉要求は異なるのである。他方、次の R14 は、同じ部署でも、従事する仕事の内容によって〈主体性〉要求が異なるとした。

　「(主体性が無いと困るか) 真面目にコツコツやってくれる社員もいますから、その仕事、職種内容によっては、そういう風にあまりその自分の意見を出さずに、動いてくれるというような社員がハマる仕事もあります。けれども、やっぱりこれからって、働き方改革で、創造性のある仕事をしてほしいという風に我々は言っているわけですから、やっぱり主体性がないと困りますよね。製造ラインでひたすらこなすような仕事ではないですからね。」(R14)

　創造的な仕事を期待する社員に対しては、〈主体性〉を求めるものの、「真面目にコツコツ」と働くことが重視される仕事では、「自分の意見を出さず」に働くことが適応的であり、〈主体性〉が求められないという。〈主体性〉要求は、従事する仕事内容にもよるのである。また、「自分の意見を出さずに働く」ことが向いていると判断された社員には、〈主体性〉が求められない仕事が割り当てられると推測され、それぞれの社員の〈主体性〉の有無は、当該社員が従事する仕事にも影響を与えると思われる。
　次の R15、I13 は、雇用形態について言及し、派遣社員や、正社員ではない社員には、〈主体性〉は求められないと述べた。

　「ウチには、正社員と、派遣社員がいるんですけれども、派遣社員のスタンス、基本的には契約した職務内容をお願いしてる。仕事をきっちりこなす。そうすると、基本的には言われたことだけやるんですね。言われたこと以上のことはやらないケースが多いんです。そうすると、いちいち細かく指示出さなきゃいけないんですよ。やってもらいたいことに

対して、定型業務で決まっていることについては、一通り回れば回っていくんですけども、いちいち指示出さなきゃいけない、それ以外のことは。これは非常に面倒なんです、管理者からすると。しかし、社員は指示出さなくても、先を読んで色々やってくれるんですね。」(R15)

　派遣社員は、基本的に派遣元企業と派遣先企業の間で結ばれた契約に従い、契約した職務内容を行う。R15 は、派遣社員は、「契約した職務内容」に従い、「仕事をきっちりこなす」、つまり、他者に指示された業務、定型業務を処理していると語った。

　また、R15 は、派遣社員に、定型業務以外を頼む場合は、「いちいち細かく指示」を出さなければいけないと述べた。社員に仕事の〈主体性〉がなければ、仕事の進め方などについて管理職者自身が考え、細かく指示を出す必要がある。同じ職場で働いていても、非定型業務を担う正社員には〈主体性〉が強く求められる一方、定型業務を担う派遣社員には仕事の〈主体性〉が求められないというように〈主体性〉要求に違いがあるのである。次の I13 も、正社員と、正社員でない社員の〈主体性〉には違いがあると述べた。

　「（筆者注：主体性について）やっぱり何にも考えてない人はね、自分で課題も見つけられないの。だからウチの中で、社員って言われる人と、その下の無期雇用だけど正社員までいかないとか色々あるんですよね、レベルが。どっちかって言うと正社員ならそこら辺ができている子が多いことは多い。」(I13)

　正社員ではない無期雇用の社員は、正社員と違って自分で課題が見つけられないと語ったが、これは〈主体性〉が無いと判断される社員には、正社員へのルートが閉ざされることを示すものであろう。個々人の〈主体性〉の有無は、雇用形態にも影響を与えると思われる。

4. まとめ

ここまでの分析をいったんまとめておこう。

1）経済団体は、1990年代以降、2020年頃にかけて〈主体性〉を求めていた。

2）経団連が、2010年代に3回のアンケート調査結果を公表し、それによって〈主体性〉が、企業がもっとも求める資質・能力として可視化された。

3）企業採用部門は、2000年以降、2020年頃にかけて、〈主体性〉の要求を高めていた。先行研究の知見を含めると、1970年以降、2020年頃にかけて、企業の〈主体性〉要求はより高まってきたといえる。

4）旧来（2000年頃）、〈主体性〉を強く求めていたのは、従業員3,000人以上の大企業であり、情報・通信、商社・卸などの一部の業種であった。しかしながら、2020年頃には、企業は、その企業規模や業種などの企業属性に関わりなく一律に、より〈主体性〉を求めるようになった。

5）仕事の現場である企業事業部門においても、社員に対して〈主体性〉が強く求められている。しかしながら、非正規社員や定型業務を担う社員には、それほど〈主体性〉は求められておらず、「非定型業務を担う正社員」である社員を対象として限定的に、〈主体性〉が強く求められている。

では、この企業が求める〈主体性〉とは、いったい何を意味するのだろうか。これについて次章で検討する。

注
1　これとは別に、経団連は「新卒者採用に関するアンケート調査」を行っており、

「選考にあたって特に重視した点」において、〈主体性〉は、2010 年以降、2019 年入社対象者まで 10 年連続で第 2 位であった。この「新卒者採用に関するアンケート調査」では、20 項目から 5 つを選択しており、経団連 (2015) 調査のように、順位による重みづけはなされていない。なお第 1 位は、2004 年以降、2019 年までコミュニケーション能力であった (経団連　2018c)。

2　経団連会員企業を対象として行われた調査である (回答企業数：400 社)。

3　経団連会員企業を対象として行われた調査である (回答企業数：684 社)。

4　2018 年の調査 (図表 1-9) をみると、選択肢から「コミュニケーション能力」が消えている。2015 年と 2018 年の調査項目を比較すると、「コミュニケーション能力」の代わりに「自分の意見を発信する力」、「他人の意見を聴く力」、また「異文化理解力」というコミュニケーションに関わる項目が追加されている。「コミュニケーション能力」という言葉が曖昧であるため、より具体的になるよう上記のように分割し、言い換えられたものとも考えられる。しかしながら、〈主体性〉については、そのような言い換えは行われてはいない。

第2章
企業が求める〈主体性〉は何を意味するのか

本章の概要

　「企業が求める〈主体性〉は何を意味するのか」、まず、〈主体性〉と他の能力に関する語彙との関連について検討した。

　経済団体においては、1990年代には、「行動力」と結びついていた〈主体性〉は、近年、「思考力」、「協調性」へと結びつきを変えたことを示した。

　また、企業採用部門でも、2000年頃には、「行動力」と結びついていた〈主体性〉は、2020年頃には、「思考力」、「協調性」へと結びつきを変え、その意味を内包していることを示した。この「思考力」という言葉からは、緻密に考えることや、正解に導くことが想起される。

　他方、企業事業部門において、〈主体性〉という言葉で、若手社員に求められるのは、間違っていても、粗削りであっても「自分なりに考える」ことであった。そして社員には、「自分なりに考える」という内的活動を、「発信する」ことが強く求められる。その「発信する」ことの先にあるのは、「仕事に関して協働する」ことである。仕事の現場において求められる〈主体性〉は、「自分なりに考える」、「発信する」、「仕事に関して協働する」を内包している。

　経済団体、企業採用部門の分析では、〈主体性〉は「協調性」を内包することを示したが、仕事の現場で求められるのは、他者に同調するような「協調性」ではなく、仕事に関して同僚や他部署の社員などヨコ方向の他者や、上司というタテ方向の他者と協働することであった。企業が求める〈主体性〉は、個人の内的活動や行動という個に閉ざされたものではなく、仕事に関して他者と協働することまで含まれるのである。

　前章では、企業は、近年、〈主体性〉をより求めていること、また企業規模や業種に関わらず一律に、〈主体性〉を求めていることを示した。また、企業事業部門の管理職者らも〈主体性〉を強く求めているものの、すべての社員に平等に、一律に〈主体性〉が求められているわけではなく、「非定型業務を担う正社員」を対象として限定的に、〈主体性〉を強く求めていることを示した。

　では、企業が社員（非定型業務を担う正社員）に求める〈主体性〉とは、いったい何を意味しているのだろうか。本章では、企業が求める〈主体性〉の意味について分析を行う。

　その前に、「主体性」という言葉の意味について、辞書等ではどのように示されてきたのか簡単に確認しておこう。デジタル大辞泉[1]では、「主体性」は「自分の意志・判断による行動や行動しようとする態度」とされる。この定義では、自分の意志、判断で行う行動であれば、どのような行動であっても「主体性」とされることになる。また、自分の考えに従って動く、個人プレイのような行動がイメージされる。

　次に、日本語の「主体性」がどのように英訳されるのか、その対応を見ると、「主体性」は、independence[2]、subject[3]、identity[4]、agency[5]、proactive[6]などと対応づけられる。そのうち subject は、「従属する」という意味も持つことは広く知られている。

　教育学において、溝上(2015)は「主体性」を「行為者（主体）が対象（客体）にすすんで働きかけるさま」と定義し、個人の行動として捉えており、また agency を「主体性」に対応するものとして示している。OECD の 2030 年に向けた学習枠組み(The OECD Learning Framework 2030)について検討した白井(2018)は、agency（エージェンシー）を、「自ら考え、主体的に行動して、責任をもって社会変革を実現していく力」としており、この定義では、個人の行動に留まらず、社会変革という行動目標まで広く含み示される[7]。

　他方、社会人に求められる資質・能力を示した「社会人基礎力」(経済産業省　2006)では、「主体性」は「物事に進んで取り組む力」とされており、これも個人の行動として捉えている。「主体性」は、個人の行動を中心としなが

らも、行動目標まで含みながら多義的に用いられている。本書が対象とする「企業が求める〈主体性〉」は、個人の行動以外の意味をも含んで用いられているのか、その視点からも検討を行うこととしたい。

　教育学者の松下 (2009) は、〈主体性〉は肯定的な価値を含むため、批判的検討の対象になりにくいとした。このような肯定的な価値を含む〈主体性〉は多義的であるとともに、その意味は年代によっても変わることが 1990 年代から 2000 年頃までの言説を対象とした分析によって指摘されている (岩脇 2004)。

　本章では、まず〈主体性〉と他の語彙との共起によって、〈主体性〉が内包する意味について、年代による変化にも着目して検討する。さらに、企業事業部門の管理職者らが、社員に求める〈主体性〉はどのような意味を含んでいるのか、その語りから分析を行う。

1. 経済団体

　経済団体の提言において、〈主体性〉という言葉は、どのように用いられているのだろうか。例えば、『創造的な人材の育成に向けて』(経団連　1996) をみると、「来るべき 21 世紀において、豊かで魅力ある日本を築くためには、社会のあらゆる分野において、主体的に行動し自己責任の観念に富んだ創造力あふれる人材が求められる」とされ、〈主体性〉は「行動すること」と結びつけて用いられている。その 17 年後に示された『世界を舞台に活躍できる人づくりのために』(経団連　2013) では、「経済活動の現場では、答えのない課題について主体的に考え、答えを出す能力や、既成概念に捉われず、イノベーションを起こす能力などが求められている」と、〈主体性〉は、「考えること」と結びつけられている。このような経済団体の提言を対象として〈主体性〉が内包する意味について分析していこう。

(1) 行動力から思考力・協調性へ

　経済団体の提言において、〈主体性〉は、どのような語彙と結びつけられ

て用いられているのだろうか。計量テキスト分析では、同じ文中に出現することが多い語彙ほど関連が強いとされるが（樋口 2014）、Jaccard 係数を用いて、〈主体性〉と他の語彙との類似度を確認する。ここでは、2010 年代の経済団体の提言を対象として、〈主体性〉と他の能力語彙との類似度によって、近年、何に関する〈主体性〉が求められているのか、〈主体性〉が内包する意味を捉えることを試みる。また、その比較対象として、1990 年代の経済団体の提言を用いる。

2010 年代と 1990 年代それぞれの年代において、〈主体性〉と他能力語彙との類似度を示したのが**図表 2-1** である。この表では、Jaccard 係数の大きさによって、語彙を並び替えて示している。また、2010 年代（αとする）と 1990 年代（βとする）の差異を示すために、αからβを減算し、$\alpha - \beta$の値が 0.1 ポイント以上であれば、「$\alpha - \beta$」に＋＋を示し、0.05 ポイント以上 0.1 ポイント未満は＋、逆に 0.1 ポイント以上減少していれば－を示した。

まず、2010 年代をみると、〈主体性〉は、「思考力」、「協調性」、また「コミュニケーション能力」と関連し、用いられる傾向があることがわかる。他方、1990 年代では、〈主体性〉ともっとも関連するのは「行動力」であり、2010 年

図表 2-1 〈主体性〉との類似度（経済団体）

1990 年代		2010 年代		$\alpha - \beta$	
コード	Jaccard (β)	コード	Jaccard (α)		
行動力	0.12	思考力	0.15	協調性	＋＋
思考力	0.10	協調性	0.15	コミュニケーション能力	＋
創造性	0.09	コミュニケーション能力	0.11	解決力	＋
解決力	0.03	解決力	0.08	思考力	＋
コミュニケーション能力	0.02	積極性	0.05	積極性	＋
判断力	0.01	創造性	0.05	判断力	
積極性	0.00	判断力	0.02	創造性	
協調性	0.00	行動力	0.02	行動力	－

代では関連がみられた「コミュニケーション能力」との関連は弱く、「協調性」
との関連はない。

　2010年代と1990年代の差異について「α‐β」で確認すると、「協調性」が
もっとも増加しており（0.15ポイント）、「コミュニケーション能力」も増えて
いる（0.09ポイント）。一方「行動力」は大きく減じている（-0.10）。経済団体の
提言においては、1990年代には「行動力」と結びつけられていた〈主体性〉は、
2010年代には「思考力」や「協調性」、「コミュニケーション能力」と結びつけ
られるようになった。1990年代には、主体的に行動することが求められて
いたが、2010年代には、主体的に考えることや、主体的に他者と関わるこ
とが求められるようになったといえよう。

　次に、同じデータを用いた共起ネットワーク図を示す（**図表2-2**、**図表2-3**）。

　まず、1990年代の共起ネットワークを見ると、1990年代には、〈主体性〉
は、「創造性」や「行動力」と結びついている。前章でも示したように、「創造
性」は1990年代の流行り言葉であったが、〈主体性〉は、その流行り言葉と
ともに用いられていたと考えられる。〈主体性〉は「行動力」とも結びついて
いることから、1990年代には、「主体的に行動する」のように用いられてい
たといえよう。中心性に着目すると、1990年代には「行動力」の中心性が高い。
1990年代には「行動力」、つまり「行動すること」が様々な語彙と結びつく重
要な資質・能力であり、そのなかで〈主体性〉とも結びついて用いられてい
たと考えられる。

　次に、2010年代の共起ネットワークを見てみよう（図表2-3）。〈主体性〉
は、「思考力」、「協調性」と結びついており、1990年代とは異なる様相を示
す。2010年代には、〈主体性〉は、個として考える「思考力」だけでなく、「協
調性」という他者に関わる語彙とも結びついている。また、中心性に着目す
ると、2010年代では「コミュニケーション能力」の中心性が高くなり、他者
とのコミュニケーションが重視されるようになったと考えられる。また、「コ
ミュニケーション能力」は、他者に関わる「協調性」と結びつくとともに、「解
決力」や「行動力」とも関連しており、2010年代には、個として行動するだけ
ではなく、他者とコミュニケーションを取りながら、行動し、問題を解決し

76

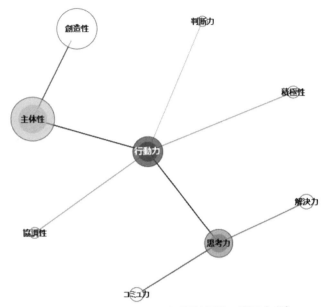

図表 2-2　共起ネットワーク（経済団体　1990 年代）

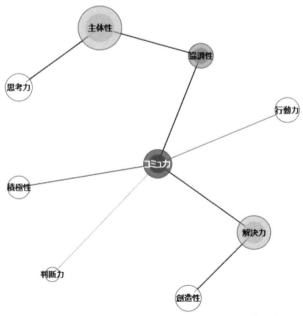

図表 2-3　共起ネットワーク（経済団体　2010 年代）

ていくことへと変化したことがうかがえる。

　1990 年代と 2010 年代を比較すると、1990 年代には、〈主体性〉は、「主体的に行動する」のように個人の行動として用いられていたが、2010 年代には、〈主体性〉は「思考力」、「協調性」と結びつき、「主体的に考える」という個人の思考（内的活動）が重視されるとともに、「主体的に協調する」のように、自ら他者と協調していくことが重視されるようになったと考えられる。

(2) 特別な能力を持つ個人から，考え協調する人材へ

　では、経済団体の提言において、〈主体性〉はどのような文脈で用いられているのだろうか。また年代によって〈主体性〉の使用に差異はみられるのだろうか。経済団体の提言の記述内容を読むことで、年代別に、〈主体性〉やそれに類する「自ら」「自己」などの言葉が、どのように用いられているのか検討しよう。

① 1990 年代——特別な能力を持つ強い個人

　1991 年の『「選択の教育」を目指して』（経済同友会）では、「時代を切り拓く勇気と力、自ら考え選択し創造する力」と、「自ら」という言葉は、考えることだけでなく、「創造」と結びつけられる。その 2 年後の 1993 年の経団連の提言『新しい人間尊重の時代における構造変革と教育のあり方について』では、「主体的に考え自ら解を導き出せる独創性に富む人材」を求めることが打ち出されている。この 2 つの例で注目されるのは、〈主体性〉が「創造性」や「独創性」と結びついて用いられていることである。〈主体性〉は、「創造性」や「独創性」という強いオリジナリティを感じさせる言葉とともに用いられており、普通の人では簡単に持ちえない、他者より抜きん出た特別な「創造性」や「独創性」のような能力が求められていたと読むことができる。

　また、1996 年の『創造的な人材の育成に向けて』（経団連）では、「主体的に行動し自己責任の観念に富んだ創造力あふれる人材」が示されており、「主体的に行動する」とともに、自己責任というリスクを取る強い個人であること、またさらに「創造力あふれる」という特別な能力を持つ人材像を求める

78

ことが示されている。

　このように1990年代初めから、〈主体性〉に類する言葉を用いて求める人材像が示されていたが、1990年代の〈主体性〉は、「創造性」、「独創性」という他者より抜きん出た特別な能力に結びつけられ、また自己責任とも結びつけられることで、特別な能力を持つ個人、強い個人を求めるというメッセージとして示されていた。

② 2000年代——〈主体性〉の軽視

　2000年の『グローバル化時代の人材育成について』(経団連)では、「主体的に問題を発見して、設定し、解決に導くことができる能力」と、個人で問題を発見し、解決に導く人材を求めたが、1990年代のように他者より抜きん出た特別な能力との結びつきは見られない。他方、経済同友会の提言『若者が自立できる日本へ』(2003)では、「自己責任のもとで主体的に行動することが必要となる」と、主体的な行動と自己責任が結びつけられる。それ以降、2013年まで分析対象とした提言に「主体性」という言葉は現れないが、これは前述したように経団連が2004年に「志と心」、「行動力」、「知力」を3つの力として位置づけ、その語彙を用いて求める人材を示したためであろう。

③ 2010年代——〈主体性〉の復活，考え協調する人材

　2010年代には、第1章で示したように、2011年に経団連のアンケート項目に〈主体性〉が入り、〈主体性〉が改めて用いられるようになる。経団連(2013)の『世界を舞台に活躍できる人づくりのために』では、グローバル人材を語るなかで、「社会人に求められる基礎的な能力(主体性、コミュニケーション能力、実行力、協調性、課題解決能力等)」と、〈主体性〉が社会人に求められる「基礎的な能力」の筆頭とされた。同提言では、「コミュニケーション能力」や「協調性」など様々な能力が示されているが、1990年代には「特別な能力を持つ強い個人」として示されていた人物像から、「コミュニケーション能力」や「協調性」によって、他者と協調する人材への転換が示されたと見ることができる。

　その後、『今後の教育改革に関する基本的考え方』(経団連　2016)、および『第

3期教育振興基本計画に向けた意見』(経団連　2017)では、ともに「自らの問題意識に基づき課題を設定し、他者に正解を求めず、主体的に解を作り出す能力」が求められる。また、『今後のわが国の大学改革のあり方に関する提言』(経団連　2018b)でも同様に、「自らの問題意識に基づいて課題を設定し、その解決に向けて主体的に取り組む能力を有する人材」とされ、自分で課題を設定し、その課題解決に主体的に取り組むことが求められた。

　課題を設定するのは、他者ではなく、自分自身であることが強調されているが、特別な能力を持つ強い個人というイメージはない。ここで特徴的なのは、「自らの問題意識に基づいて課題を設定」、「他者に正解を求めず」という視点であり、「他者が正解を持っているわけではない」との認識がその背後にあるものと推測される。2010年代には、自らの問題意識によって課題を設定し、自らその課題を解決するという自ら考える人材、また、他者と協調する人材が求められるようになったといえよう。

　次節では、企業採用部門を対象として、企業が求める〈主体性〉は何を意味するのか、さらに検討しよう。

2.　企業採用部門

　経済団体の提言の分析によって、〈主体性〉は、1990年代の「行動力」から、2010年代の「思考力」や「協調性」へと結びつきを変えたことを示した。では、企業採用部門が求める〈主体性〉についても、同じような傾向がみられるのだろうか。

(1) 行動力から行動力・思考力・協調性へ

　近年、企業が求める〈主体性〉の意味について検討するために、『就職四季報　総合版2021年版』で各企業が示す「求める人材」を対象として分析を行う。分析にあたり、2000年に出版された『就職四季報　2002年版』を比較対象として用いることとする。

　2002年と2021年を対象として、〈主体性〉と他語彙との類似度を示したの

が**図表 2-4** である。各年において、Jaccard 係数の大きさにより語彙を並び替えて示し、類似度の多寡をわかりやすくするために、係数が 0.2 以上であれば太字で示した。また、2002 年（βとする）から 2021 年（αとする）の変化を確認するために、各語彙について αから βを減算し、α - βの値が 0.1 ポイント以上であれば「α - β」に＋＋を、0.05 ポイント以上 0.1 ポイント未満は＋を示した。0.05 以上減少したものはなかった。α - βが、＋＋や＋であれば、2002 年と比較して 2021 年では、〈主体性〉と当該語彙との関連が強くなったことを意味する。

　まず、2021 年をみると、〈主体性〉と、「思考力」、「行動力」との類似度が高く、その値はほぼ同じである。他方、2002 年では、〈主体性〉ともっとも類似度が高いのは「行動力」、次が「思考力」である。2021 年と 2002 年では、「思考力」と「行動力」の順番が入れ替わっただけのようにもみえるが、Jaccard 係数の値からは、2021 年には、〈主体性〉と「思考力」、また「行動力」が、より強く結びつくようになったことは明らかである。次に「チームワーク」を見ると、2002 年は 0.00 と〈主体性〉との関連はなかったが、2021 年には 0.08 となり、〈主体性〉との関連が 5 番目に強い語彙となっている。前節の経済団体の分析では、近年、〈主体性〉との類似度の高さを示していた「協調性」をみると、α - βで＋はついていないものの、0.04 ポイント増えており、増加傾向を示す。2021 年になると、「チームワーク」や「協調性」など、他者と関わる能力が、〈主体性〉とともに用いられるようになっている。これらのことから、〈主体性〉は、2002 年には「行動力」と結びついていたが、2021 年には、「思考力」、また「行動力」との結びつきを高め、さらに「チームワーク」や「協調性」のように他者と関わることと結びついて用いられるようになったといえよう。

　次に、〈主体性〉と他の語彙との関連を共起ネットワークによって確認しておこう。まず 2002 年の共起ネットワーク（**図表 2-5**）をみると、〈主体性〉と「行動力」が結びついており、「主体的に行動する」人材が求められていたとみることができる。また、〈主体性〉は「チャレンジ」、「成長」、「意欲」とも結びついている。中心性に着目すると、2002 年は「行動力」の中心性が高い。2002 年頃の企業採用部門は、「行動すること」に重きをおき、大学新卒者に

図表 2-4 〈主体性〉との類似度（採用部門）

2002 年		2021 年		α - β	
コード	Jaccard（β）	コード	Jaccard（α）		
行動力	**0.22**	思考力	**0.40**	思考力	＋＋
思考力	0.15	行動力	**0.39**	行動力	＋＋
チャレンジ	0.12	チャレンジ	0.18	チームワーク	＋
意欲	0.09	成長	0.12	チャレンジ	＋
成長	0.09	チームワーク	0.08	協調性	
創造性	0.08	創造性	0.06	成長	
積極性	0.07	意欲	0.06	粘り強い	
明るい	0.05	協調性	0.06	情熱	
柔軟	0.05	情熱	0.06	コミュニケーション能力	
個性	0.04	積極性	0.05	誠実	
バイタリティ	0.04	コミュニケーション能力	0.05	リーダーシップ	
情熱	0.03	好奇心	0.03	好奇心	
前向き	0.03	前向き	0.03	解決力	
好奇心	0.03	柔軟	0.03	責任	
努力	0.02	明るい	0.03	前向き	
解決力	0.02	粘り強い	0.03	努力	
協調性	0.02	解決力	0.03	判断力	
コミュニケーション能力	0.02	誠実	0.03	技術	
判断力	0.02	努力	0.03	専門性	
専門性	0.01	リーダーシップ	0.02	知識	
技術	0.01	バイタリティ	0.02	バイタリティ	
責任	0.01	責任	0.02	創造性	
知識	0.01	判断力	0.01	柔軟	
リーダーシップ	0.01	技術	0.01	積極性	
誠実	0.01	個性	0.01	明るい	
チームワーク	0.00	専門性	0.01	個性	
粘り強い	0.00	知識	0.00	意欲	

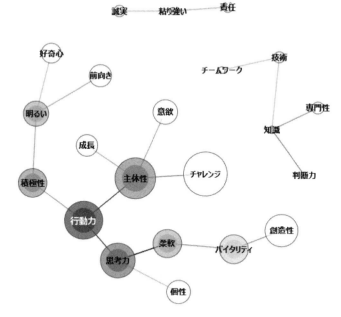

図表2-5　共起ネットワーク（採用部門　2002年）

主体的な行動を求めていたと考えられる。また、2002年の共起ネットワークでは、「協調性」、「コミュニケーション能力」は現れていない。2002年には、「協調性」や「コミュニケーション能力」は他語彙との共起も少ない、軽視された能力であったと考えられる。また、他者と関わる「チームワーク」を見ると「技術」と結びついている。2002年には、技術者に対して「チームワーク」が求められていたものの、一般的に「チームワーク」はそれほど重視されていなかったと考えられる。次に、2021年の共起ネットワーク（図表2-6）を見ると、〈主体性〉は「思考力」、「チャレンジ」、「成長」、また「協調性」と結びついている。〈主体性〉と「チャレンジ」、「成長」は、2002年の共起ネットワークでも結びついており、この関係について変化はない。2021年の特徴は、〈主体性〉と「思考力」、「協調性」が結びついたことである。2020年頃には、「思考力」という内的活動と、「協調性」という他者との関わりが〈主体性〉とともに用いられるようになった。〈主体性〉は「思考力」、「協調性」という意味を

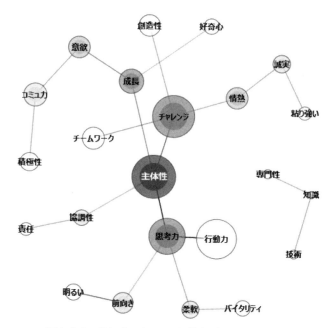

図表 2-6　共起ネットワーク（採用部門　2021 年）

内包するようになったといえるだろう。

　また、「チームワーク」は、「チャレンジ」と結びついており、2002 年には技術者に対して限定的に求められていた「チームワーク」が、広く求められるようになり、チームとして「チャレンジ」するというチームプレイ重視の視点が示されるようになったと考えられる。

　さらに、中心性に着目すると〈主体性〉の中心性がもっとも高く、2020 年頃には、〈主体性〉は様々な語彙と結びつき、用いられる重要なキーワードになったといえよう。また、2002 年には中心性が高かった「行動力」をみると、「思考力」と結びついてはいるものの、中心性は低く、「行動する」ことがそれほど重視されるものではなくなったと思われる。

　ここまでの企業採用部門の分析で示されたのは、〈主体性〉は、2000 年頃には「行動力」と結びついていたが、2020 年頃には「思考力」、「協調性」との関連が強くなり、その意味を内包するようになったことである。では、この

ような〈主体性〉の意味は、企業規模のような企業属性によって異なるのだ
ろうか。

(2) 企業規模による違いの検証

　次に企業規模によって違いがあるのか分析していこう。2002 年と 2021 年
の〈主体性〉との他語彙との類似度について、従業員数 1,000 人未満の企業 (**図
表 2-7**) と 3,000 人以上の企業 (**図表 2-8**) について示した。なお、この表では、〈主
体性〉との関連が高い 10 の語彙に絞って示している。「α - β」では、2021
年の値 (α) から 2002 年の値 (β) を引いた結果、0.1 以上であれば＋＋を、0.05
以上 0.1 未満であれば＋を示した。

　まず、従業員 1,000 人未満の企業と、3,000 人以上の企業の 2002 年の傾向
を見ると、やや違いがあることがわかる。〈主体性〉と「行動力」の類似度がもっ
とも高いのは同じだが、3,000 人以上の企業のほうがその結びつきがやや強
い。また、内的活動である「思考力」については、3,000 人以上の企業のほう
が高い一方、1,000 人未満の企業では順位も値も低い。次に 2021 年をみると
1,000 人未満の企業では〈主体性〉と「思考力」(0.39)、「行動力」(0.38) との類似

図表 2-7 〈主体性〉との類似度 (企業規模 1,000 人未満)

2002 年		2021 年		
コード	Jaccard (β)	コード	Jaccard (α)	α · β
行動力	0.19	思考力	**0.39**	思考力	＋＋
チャレンジ	0.14	行動力	**0.38**	行動力	＋＋
意欲	0.11	成長	0.19	成長	＋
成長	0.11	チャレンジ	0.17	チームワーク	＋
思考力	0.10	チームワーク	0.09	協調性	＋
積極性	0.10	意欲	0.08	コミュニケーション能力	
創造性	0.07	協調性	0.05	チャレンジ	
前向き	0.07	創造性	0.05	好奇心	
情熱	0.07	情熱	0.05	誠実	
明るい	0.06	明るい	0.04	解決力	

図表 2-8　〈主体性〉との類似度（企業規模 3,000 人以上）

| 2002 年 | | 2021 年 | | |
コード	Jaccard（β）	コード	Jaccard（α）	α - β
行動力	**0.25**	思考力	**0.39**	思考力　＋＋
思考力	0.16	行動力	**0.36**	行動力　＋＋
チャレンジ	0.13	チャレンジ	**0.21**	チャレンジ　＋
意欲	0.08	成長	0.10	チームワーク　＋
創造性	0.08	積極性	0.08	粘り強い　＋
成長	0.07	協調性	0.07	協調性　＋
積極性	0.06	創造性	0.06	責任
明るい	0.04	チームワーク	0.05	成長
柔軟	0.03	粘り強い	0.05	コミュニケーション能力
バイタリティ	0.03	コミュニケーション能力	0.05	好奇心

度が強く示され、3,000 人以上の企業でも同様に〈主体性〉と「思考力」(0.39)、「行動力」(0.36) との類似度がより強くなり、企業規模による差異がほとんどなくなっている。

　α - β で、2002 年と 2021 年との差異をみても、3,000 人以上の企業、1,000 人未満の企業とも「思考力」、「行動力」が＋＋であり、また、「チームワーク」や「協調性」が＋と関連が強くなるという同様の傾向を示している。

　2000 年頃には、企業規模によって〈主体性〉の意味するところが異なっていたものの、2020 年頃には、企業が求める〈主体性〉は、企業規模によらず、「行動力」、「思考力」とともに「協調性」という意味を内包するようになったといえよう。

　では、仕事の現場である事業部門においては、〈主体性〉はどのような意味を内包して用いられているのだろうか、次に管理職者らの発言から分析を行う。

3. 企業事業部門

　前節までの分析によって、2020年頃には、企業が求める〈主体性〉は、「思考力」や「協調性」と結びつき用いられていることを示した。企業事業部門という仕事の現場において、社員に求められる〈主体性〉は何を意味しているのか、管理職者の語りから、分析していこう。

(1) 自分なりに考える・発信する・仕事に関して協働する

　前章で示したように、管理職者らは、若手社員に〈主体性〉を強く求め、日常的にその有無を評価している。管理職者らの語りで多く示されたのは、〈主体性〉は「考えること」とされていたことである。その「考えること」とは、緻密に考えることや、何らかの正解を導くことではなく、「自分なりに考える」こととして捉えられており、この意味が、様々な企業の管理職者に共有されていた。また、「自分なりに考える」だけでは、〈主体性〉と認められず、「自分なりに考える」ことは、必ず「発信する」ことが求められる。まずは、「自分なりに考える」ことについて、管理職者がどのように語っているのか検討していこう。

「自分なりに考える」

　企業事業部門の管理職者は、〈主体性〉を、間違っていても、粗削りであったとしても「自分なりに考える」こととして意味づけている。

> 「主体的だなって思うメンバーは、なんとなく自分で答えを出そうとしている。あがいてるって言うか、綺麗じゃなくても「考えてきました」みたいな回答を持ってくる傾向がある。」(I10)

　若手社員が自分なりの答えを出そうとしていること、その答えが綺麗にまとまっていないとしても、自分なりに考えていることを〈主体性〉と結びつけている。既存知識を用いたり、他者の考えを再生産したりするのではなく、

正解が無いなかで、社員が自分なりの答えを出そうとすることに価値を見出
していると思われる。次のM4も、〈主体性〉は自分の頭で考えることだと述
べた。

　「自分の頭で考えてやってほしい。それが主体性かと。言われてないのに、
　僕こういうのが必要だと思いますって言うのは、すごい主体性が高いと
　思う。間違っててもいいから考える、それを発信する。黙ってたらわかん
　ない。」(M4)

　自分の頭で自分なりに考えることを〈主体性〉とし、「間違っててもいい」
とまで言い切る。他者が作りあげた知識を用いて、正しいことを示すのでは
なく、間違っていたとしても自分なりに考えることを〈主体性〉とし、その
ことに、若手社員の〈主体性〉の価値を見出している。次のI11、I8も、〈主
体性〉がある社員の特徴として、「自ら考えること」をあげた。

　「(主体性がある人とは)自ら考えるので、自分でやらなきゃいけないと、
　成長していくと言うか。自分から、何やって、何を補うとか、教育とか
　も自分で考えてやりますし、受け身でないって。やらない人は、割と受
　け身。」(I11)

　「僕が個人的に感じるのはやはり普段会話をしていても、何気ない質問
　が、主体性がある子と、受け身で過ごしている子は違うかなと思います。
　やっぱり自分で考えて疑問を持って、それを聞いて、理解して、自分の
　中でうまく消化をして次のことをやっていくという子と。やっぱり主体
　性がない子って、どちらかというと、じゃあ次どうしましょうみたいな。
　あまり自分で考えずに、いま自分がやってることに対しても、疑問を持
　たずに来てるのか、発言するというのか、接して来られるのかなってい
　う気はします。」(I8)

〈主体性〉がある社員は、自分なりに考えている人物であるとの認識である。管理職者は、若手社員が発する質問内容によって「自分なりに考えている」かどうかを判別しており、自分なりに考えることなく質問していれば、〈主体性〉が無いと判断している。次の M1 は、〈主体性〉が無い社員について、「正しい答えっぽいのを言うが全然心が入っていない」と述べたが、これも「自分なりに考えていない」ことの証左とされる。

　「（主体性のある若手とは）逆に<u>高学歴の奴の方が、その主体性が無いという</u>。（中略）高学歴の方が割り切っている。<u>コピペで済ませちゃう</u>みたいなところあるね。<u>答えを、正しい答えっぽいのを言うけど全然心が入ってないみたいな、</u>っていうようなやつね。これが答えですって言うけど、でお前どうしたのって聞いたら、えっていう顔をするから、それがどういうことですかって、僕が何したいかって。そんな質問をされたことがないから驚きなんです。でも僕もそうでしたけどね。」（M1）

　他者が書いたものをコピペしたり、「正しい答えっぽいもの」を提示したりすることは、自分では考えていないことの現れとされ、その「自分なりに考えていないこと」を〈主体性〉の無さとして認識している。
　M1 は自身の学生時代の経験から、学校教育で求められたのは、「教科書に書いてあること、答えがあることをいかに早く到達するか（M1）」であったとも語っていたが、その学校知識や正答を追う教育のためか、同じ若手社員であっても高学歴者のほうが、「自分なりに考える」ことに取り組んでいないと述べ、「自分なりに考える」という〈主体性〉が求められる企業では、〈主体性〉がないと認識される可能性があることを示唆している。M1 自身は、選抜性の高い大学を卒業したいわゆる高学歴者であるが、そのため「僕もそうでしたけどね」と述べたものと思われる。
　次の M3 は、〈主体性〉に含まれる「自分なりに考える」ことによって、仕事の背景に何があるのか考え、仕事に自分なりの意味づけができるという。

　「（主体性について）まずやらなくちゃいけないことに自分なりの意味づけをできると言うか。だからそのためには、何でこの依頼が来ているのか、とか、なんでこういうことが起きているんだろう、って考えておいて、言われたから作業としてやるというより、これがこういう意味だからやるんだっていうことを理解した上でやるって言うのは、結構大事かなと思うんですけど。」(M3)

　仕事が割り当てられたときに、その仕事の背後にある意味や、仕事の全体像を理解しようと「自分なりに考える」ことが重要だと認識している。次のR15、I24 も、〈主体性〉と「自分なりに考える」ことを結びつけており、〈主体性〉がある社員は、仕事の意味や構造を把握しているという。

　「だからそれがやっぱり主体性で、仕事の意味をちゃんと考えて、何のためにこれをやるのかっていうのを考えた時に、じゃあ自分はこういう風に指示されたけど、でもこれもやった方がいいね、って自分で考えて、先読みしてできるんですね。」(R15)

　「「言われた範囲しか動かない」となると、「主体性が無い」と感じられてしまいます。（中略）主体的な人は「なぜ、何のために」を把握しています。（中略）お客さまにいいサービスを提供するという目的であれば、「そのために、これを使うといいかな？」とか、「これを検討すると役に立つかな？」と発想ができます。」(I24)

　仕事の理由や背景を考えない社員、つまり主体的ではない社員は、他者に言われた範囲でしか動くことができないが、〈主体性〉がある若手社員は、仕事の背景を「自分なりに考える」ため、次の発想につなげられるという。仕事の意味やその背景を「自分なりに考える」ことによって、はじめて、他者の指示がなくても、次に取るべき行動を考えることができ、先読みして仕事を進めることができる。このように〈主体性〉に内包される「自分なりに考

える」ことは、自ら主体的に仕事を進めるための起点となる。

　管理職者らはさらに、自分なりに考えたことが、他者から認識されるように、「発信する」ことの重要性についても語っていた。次にその「発信する」ことについて検討していこう。

「発信する」

　次の M4 は、「自分なりに考える」こと、また考えたことを「発信する」ことが必須だと語った。一部再掲となるがその語りを示しておこう。

> 「言われてないのに、僕こういうのが必要だと思いますって言うのは、すごい主体性が高いと思う。間違っててもいいから考える、それを発信する。黙ってたらわかんない。」（M4）

　「考える、それを発信する。黙ってたらわかんない」という強い言葉を用いて、自分の考えを「発信する」ことを若手社員に強く求め、それを〈主体性〉の一部としている。たとえ自分なりに考えていたとしても、もしその考えを「発信しない」のであれば、それを生かすことはできない。次の M22 は、〈主体性〉について語るなかで、「考える」ことと、その考えを「発信する」ことを結びつけて語っていた。

> 「「主体性」とは、スキルだけではなく、行動、振る舞いの部分も多いと思っており、（中略）「いいことを思いついたら、必ず発信してください」ということです。それは組織で働く上では、私は義務だと思っています。」（M22）

　「発信する」ことは、「組織で働く上での義務」と述べ、自分なりに考えたことを発信することまでを〈主体性〉として強く求めている。仕事の場で求められる〈主体性〉とは、「自分なりに考える」という内的活動を、何らかの形で「発信する」という外化までを含む。次の M5 は、「自分なりに考えた」

ことを、「発信する」ことの重要性を次のように語る。

　　「ある若手が、<u>例えばこうしたいと頭の中で思っていて、それを行動、</u>
　　<u>言葉に出してくれないと、なかなかサポートってできない</u>ですし、それ
　　が事業と違う方向性だったら、議論しようよって少し軌道修正したりし
　　て、同じチーム仲間として、同じベクトルに合わせて結果がでますけど、
　　そういうのを話ししてくれないと、なかなか周りとしてもチームとして
　　生まれにくいので。そこは、<u>自分は考えてこうしたいんだ、っていうこ</u>
　　<u>とを発信してくれた方がありがたいと思いますし。その発信によって</u>
　　<u>我々が気づくとことも多々ありますし。</u>」(M5)

　「自分なりに考え」たことを、行動や言葉によって外化することの重要性
を強調するとともに、それによって他者が関われるようになり、チームとし
ての力になるという。
　前述のM4が「黙ってたらわかんない」と述べたこととも重なるが、管理職
者らは、若手社員が何を考えているのか、個人の内面を見通すようなことま
では行っておらず、若手社員自身が、自分の考えを行動や言葉で「発信する」
ことを強く求めている。このように管理職者らが、一見、簡単にも思われる「発
信する」ことの重要性を強調する背景には、企業の仕事の場において、若手
社員が「発信する」こと、また、管理職者が若手社員に「発信させる」ことは、
それほど容易ではないという問題意識があるものと思われる。
　ここまで、行動や発言による「発信」について見てきたが、メールによる
発信についても、若手社員の〈主体性〉と結びつけられていた。

　　「同じことを言っても、反応を返してくれる人と、その私が<u>主体的では</u>
　　<u>ないなと思っている子は、いつも返事がない。</u>まずメールで同じことを
　　言っても、必ず返事をくれたり、自分なりの意見をくれる人と、（中略）
　　反応しない子もいる。」(M3)

メールを発信しないことは、やはり〈主体性〉の無さとされる。メール等のネットワークを介したやり取りにおいても、「発信する」かどうかは、社員の〈主体性〉と結びつけられるのである。

「仕事に関して協働する」

仕事の現場では、「自分なりに考える」ことを「発信する」ことで、〈主体性〉があると認識されるのだろうか。管理職者らが、〈主体性〉について述べるのは、「発信する」ことの先にある、仕事に関して他者と協働することの重要性である。次のM4は、〈主体性〉のある若手社員は、「自分なりに考える」とともに、同僚や上司らと、仕事に関して協働していると述べた。

> 「上司に言う前に当たり付けみたいなのをしてる子もいるんですよね。そういうときはヨコの繋がりとか使って、やれてる子は主体性があると思う。調べるだけじゃなくて、隣にいる誰かに聞くとか、もっと言うと、よその部署まで行って聞いてきちゃうとか、割と正しそうだと思ったときに、「こういうテーマをやりたいんですけど」って上司に言ってくる。それは、順番は別にどっちでもいいんですけど。最初に言ってきて、「いいんじゃない」とかでもいいんだけど、どっちにしても言ってくる。ヨコも、上も。くると、すごい主体性があると思う。」(M4)

〈主体性〉がある若手社員は、自分なりに考えたことについて、その見込みを調べるために、同僚や他部署などのヨコ方向の他者にも、また上司というタテ方向の他者にもアプローチしてくるという。「上司に言ってくる」とは、仕事に関して上司の意見を聞くこと、上司の同意を得ることであり、上司と協働することとみることができる。次のM2は、〈主体性〉がある社員が他者と協働することについて次のように述べた。

> 「「主体性」ってわがままではないので、やっぱり「自分が楽しく、いろんな人を巻き込みながら」というのが大事だと思うんですね。(中略)「主体性」

があれば、恐らく発信ができて、「こういうことがいいと思うんだ」って
言って、賛同するか、しないかみたいな意見の場ができたりしてくるので、
人を一緒に巻き込んで変えていく。変な状態だったら変えていく。それ
を「受け身じゃなくできるようになればいいのにな」という。」(M2)

　〈主体性〉は、自分がしたいようにする「わがまま」ではないと強調し、若
手社員が「発信する」ことで、他者を巻き込むことができ、それによって、
組織をより良い状況に変えられると認識している。発信と協働に関して、次
のような発言もあった。

　　「若手、若手で見てる景色が違いますし、我々が見てる景色、営業が見
　　えてるもの、開発が見えてるものも違うと思うので、皆で合わせて考え
　　て。(中略)それを合わせて組織として最良の瞬間、瞬間の最良の答えを
　　出して出し続けていくっていうのが事業の性質的にも必要なのかと思い
　　ます。」(M5)

　ここでも管理職者は、それぞれの若手社員が考えていることは有益である
と考えている。各社員が自分なりに考えたことを「発信する」ことによって、
他者と協働することができ、それによって組織をより良い方向に変えられる
と認識している。
　本項で〈主体性〉は、間違っていても、粗削りであっても「自分なりに考え
る」ことであるとしたが、粗削りでも良しとされる理由は、「自分なりに考
える」ことが「発信」されることで協働に繋がり、他者と協働することによっ
て粗削りなものが洗練されるためだとも考えられる。個人が「自分なりに考
える」ことが、「発信」され、組織やチームで考えることにつながれば、間違っ
ていても、粗削りでも、有効な解となりえるのである。次のI13は、〈主体性〉
と他者と関わることを、次のように結びつけて語った。

　　「自分勝手に動くことが主体性ではないし。そういう風に勘違いされる

と困るんだけれども。ようはやりこちらも100％は手取り足取り教えられない部分はあるので、自分でやりながら、疑問に思ったことだとか、あとそういったことを自分が見つけたり、調べたり、<u>人に聞いたりっていうところの主体性っていうのは必要なんですよ。</u>」(I13)

「自分勝手に動くことが主体性ではない」と指摘した上で、他者に聞くという〈主体性〉が必要だと述べた。

この I13 は、若手社員に求められる〈主体性〉は、「自分勝手に動くことではない」とし、前出の M2 は、〈主体性〉は「わがままではない」と述べた。また、「(主体性について) 全く好きなことをやっていいとか、すごく突拍子もないことを考える必要はないと思っているので (M3)」という発言もあった。これらの発言は、仕事の現場で求められる〈主体性〉について、一部の若手社員がその意味を取り違えていることを示唆するものである。企業が求める〈主体性〉とは、決して自分勝手に動くことではなく、仕事に関して他者と協働することが含まれるのである。

その「仕事に関して協働する」ことは、仕事の場においてそれほど必要とされているのだろうか。協働の必要性について、管理職者らの語りによって確認しておこう。

(2) 協働することの必要性

次の I9、M4、I13、M2 は、仕事を進めるためには、1人ではなく、様々な他者と協働する必要があると語った。

「<u>少なくとも、たった一人で何かの企業のサービス</u>(筆者注：情報システムのこと)<u>作り上げるっていうのは、一切ない</u>ので。」(I9)

「<u>一人でやる仕事ってほとんどないので。</u>いろんなところと連携してやるんですよ、仕事はね。「あの人にはこういう情報を入れとかなきゃね」とかそういうところが重要になりますよね。」(I13)

「うちみたいな会社だと、いろんな部署と交渉して、問題解決してくので、そういうのが苦手だったら、ちょっと損してしまいますよね。」(M4)

「会社入ると、仲間ができないと、大きなことができないので、上司にも理解してもらえないと。」(M2)

　仕事においては、他者と協働することが必要であり(I9、I13)、問題解決にも他部署との交渉が必須とされ(M4)、大きな仕事をするためには仲間や上司の理解が必要である(M2)。
　また、次のM5は、様々な考え方を持った社員が議論をすることにより、仕事のアウトプットが高まるとした。

「やっぱりいろんな考え方が、いろんな価値観、いろんなものの見方ができる人がいた方が、より議論の結果いいものが生まれる、アウトプットとしていいと思うんで。似たような人が似たような意見だと、いざ市場に出て戦ってみたら、やっぱり違う意見の人に根底から覆されることが、事前に防げるって言うのはあると思うし、多様性があっていいと思いますね。」(M5)

　他者との協働によって仕事のアウトプットが上がることはもとより、様々な考えや価値観を持った社員がひとつの仕事に関わることで、多様な視点から検討でき、それによって、多様なニーズがある市場で受け入れられる製品やサービスが提供できるという。仕事の現場においては、仕事のアウトプットを向上させるためにも、同僚や他部署の社員などのヨコ方向の他者や、上司というタテ方向の他者と、協働することが必要とされているのである。

　管理職者らが求める〈主体性〉を構成する「自分なりに考える」、「発信する」、「仕事に関して協働する」の関係を概念図として示しておこう(**図表2-9**)。

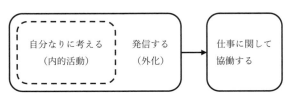

図表 2-9　企業が求める〈主体性〉の意味の概念図

　まず、管理職者らは、社員の「自分なりに考える」という内的活動を、〈主体性〉発揮の起点として重要視している。しかし、「自分なりに考える」だけでは〈主体性〉があるとは認められず、「自分なりに考える」ことは、必ず「発信する」ことで外化をすることが求められる。そして、「発信する」ことの先にある他者と「仕事に関して協働する」ことまで含めて〈主体性〉として捉えている。

4．まとめ

ここまでの分析結果をまとめておこう。

---

1) 経済団体の分析によって、1990 年代には「行動力」と結びついていた〈主体性〉は、2010 年代には、「思考力」、「協調性」へと結びつきを変えたことが示された。

2) 企業採用部門の分析でも、2000 年頃には〈主体性〉は「行動力」と結びついていた。しかし、2020 年頃には「思考力」、「協調性」と結びつくようになり、近年、〈主体性〉は「思考力」、「協調性」という意味を内包するようになった。

3) 仕事の現場において、〈主体性〉という言葉で社員に求められるのは、間違っていても、粗削りであっても「自分なりに考える」ことである。また、自分なりに考えたことを「発信する」ことが強く求められる。「発信する」ことの先にあるのは、「仕事に関して協働する」ことである。

4)仕事の現場で求められるのは、他者に同調するような「協調性」ではなく、同僚や他部署の社員などヨコ方向の他者や、上司というタテ方向の他者と「仕事に関して協働する」ことである。企業が求める〈主体性〉は、個人の内的活動や行動という個に閉ざされたものではなく、他者と協働することまで含まれる。

　では、なぜ企業は、このような〈主体性〉を求めているのだろうか。それについては次章で検討しよう。

注

1　『デジタル大辞泉』(小学館)を参照した。

2　『プログレッシブ和英中辞典』(小学館)では、「主体性」は independence (自主性)とともに individuality、selfhood (個性)とも訳されている。

3　『監獄の誕生』(Foucault　1975=1977)では、広く知られているように、「主体性」(subjectivité)は、「主」であるとともに、権力を内面化して従う「従」でもあるとされる。教育哲学者のビースタは、教育は、socialization (社会化)、qualification (資格化)、subjectification (主体化)という3つの領域と関係するとしている (Biesta 2017=2018)。また、subject-ness (主体であること)は、他者との関わり方と密接に結びついているとした。

4　心理学者エリクソンの *Identity - Youth and Crisis* は、『主体性　青年と危機』(Erikson 1968 = 1969)と訳されており、Identity が、「主体性」と訳された。同書は、1982年、同訳者により『アイデンティティ　青年と危機』とタイトルを変えて出版されたが、これは「アイデンティティ」という言葉が1980年頃には心理学を中心に一般的な用語として利用されるようになったためと考えられる。

5　後述するように、溝上 (2015)、白井 (2018)らは、agency と主体性を対応させて用いている。

6　小中高校の学習指導要領で用いられる「主体的・対話的で深い学び」は、文部科学省の資料では、"proactive, interactive and authentic learning" とされている (文部科学省　2019)。

7　白井 (2020)は、OECD (2019)が、「統一的に適用可能な『エージェンシー』の定義を作ることは不可能だとしても、その概念自体はどのような文脈でも関連性

98

がある」としたことを指摘している。

第3章
企業はなぜ〈主体性〉を求めるのか

本章の概要

　「企業はなぜ〈主体性〉を求めるのか」、その理由について検討した。

　経済団体は、その提言において、「日本経済再生」や、「社会変化への対応」という曖昧な理由を述べていた。経済団体の提言を対象として分析する限り、〈主体性〉要求の理由は、はなはだ曖昧であり、実の無いものとして捉えざるを得ない。

　また、企業採用部門は、経済団体と同様に、「社会変化への対応」を〈主体性〉を求める理由としてきたが、2020年頃には、〈主体性〉を求める理由は、自社のメリットと結び付けられた。この頃には若手社員の〈主体性〉は、企業組織のメリットにつながると企業内で認識されていたことが示唆された。

　他方、企業事業部門の分析では次のことが示された。近年の社会変化の激しさは、管理職者らの「上司に答えが無い」との認識を生み、その対応のために、従来の仕事に関する知識や経験を持つ上司（管理職者ら自身）ではなく、仕事に関する知識や経験をそれほど持たない若手社員に対して、新しい情報を収集し、進むべき方向を自分なりに考えることを含む〈主体性〉が求められる。

　さらに、管理職者らは、若手社員の〈主体性〉は、企業組織のメリットにつながるだけでなく、管理職者自身のメリットともなり、さらに若手社員にとっても、仕事の面白さや昇進など様々なメリットを生むものとして認識している。管理職者らは、誰しもが明確な答えを示すことができない激しい社会変化のなか、若手社員に対する〈主体性〉要求自体を肯定的なものとして捉えつつ、企業が進むべき方向を切り拓く〈主体性〉を求めているのである。

なぜ、企業は〈主体性〉を求めるのだろうか。まず、経済団体、企業採用部門の分析によって、〈主体性〉を求める理由が、これまでどのように示されてきたのか検討する。そののちに、企業事業部門の管理職者らが、社員に〈主体性〉を求める理由についてどのように語るのか分析していく。

1. 経済団体

(1) 2000 年頃：日本経済再生

経済団体の提言では、〈主体性〉を持った人材を求める理由は、どのように示されてきたのだろうか。まず、1990 年代の提言を見てみよう。経団連 (1993) の『新しい人間尊重の時代における構造変革と教育のあり方について』では、「主体的に考え自ら解を導き出せる独創性に富む人材こそが、多くの課題に直面する日本経済の再生を担えるのである。」と、〈主体性〉を持った人材が、日本経済再生を担うという、個人に要求し、引き受けさせるには大きすぎる理由が示されている。さらに言えば、個人の〈主体性〉と「日本経済再生」がどのように繋がるのか、その論理も曖昧である。

また、「主体的に考え自ら解を導き出せる独創性に富む人材」という、主体的であり独創性に富んだ特別な能力を持った個人によって、日本経済が立て直せるという論理は、もし特別な能力を持った人材がいるならば、その人材が日本経済を再生してくれるだろうという曖昧な予見を示しているようである。

『創造的な人材の育成に向けて』(経団連　1996) においても、「来るべき 21 世紀において、豊かで魅力ある日本を築くためには、社会のあらゆる分野において、主体的に行動し自己責任の観念に富んだ創造力あふれる人材が求められる」と、豊かで魅力のある日本を築くという極めて曖昧な目標が設定され、そのために「主体的」で「創造力あふれる」と形容される特別な能力を持つ人材を求めるとする。ここでも豊かで魅力ある日本と、〈主体性〉のある特別な能力を持つ人材が、どのように結びつくのか、その論理は曖昧なままである。

同提言では、企業経営と〈主体性〉についても示されている。「今や企業は、

創造性と革新を生み出す経営を行なうことが強く求められており、組織の目的を実現していく中で従業員の主体性を従来以上に尊重し、多様な個人が個々の目的意識や能力に基づいていきいきと活動できるような組織運営が不可欠となっている」と、社員個人の〈主体性〉と革新を生み出す企業経営が結びつけられる。この 1990 年代の提言では、「従業員の主体性を従来以上に尊重し」と書かれていることから、この時点では、社員の〈主体性〉を尊重し、〈主体性〉を生かすことが十分にできておらず、そのために創造性や革新を生みだすことができない、という論理が垣間みえる。逆に言えば、社員の〈主体性〉を尊重すれば、企業経営を順調に進めることができるということであろう。

　この提言が示された 1996 年は、日本のバブル経済崩壊の余波が、経団連に属する大企業をも脅かしており、その救済策 (remedy) を、個人の〈主体性〉に求めているようにも思われる。経済団体は、このように求める人材について、肯定的な価値を含む〈主体性〉を用いているが、なぜ〈主体性〉が求められるのか、実質的な理由までは伝わってこない。

　2000 年代に入り、経済同友会 (2003) は、『若者が自立できる日本へ』で若者の育成について、「新しい時代を生き抜いていくためには、社会人としての力を身につけ、自分なりの目標をもって、自己責任のもとで主体的に行動することが必要となる」と述べた。この提言はタイトルからもわかるように、主に若者について語られており、そこでは新しい時代を生き抜くために、〈主体性〉が求められているのである。しかし、ここでも、なぜ新しい時代では、主体的に行動することが必要になるのか、その理由までは示されない。

　1990 年代初頭のバブル経済崩壊の影響を受けた産業界は、1990 年から 2000 年頃には日本経済再生のような大きな目的を設定した上で、〈主体性〉を求めた。しかしながら、その日本経済を対象とした大きな目的と、個人の〈主体性〉がどのように結びつくのかは曖昧なままであった。

(2) 2020 年頃：社会変化への対応

　2010 年以降の『今後の教育改革に関する基本的考え方』(経団連　2016) では、「変化の激しい、将来が展望しにくい状況において経済成長を維持するため

には、開かれた質の高い教育や、学び直しによる生涯学習を通じて国民一人ひとりの能力や生産性を高め、産業構造や社会の変化に主体的に対応し、生涯現役で活躍できる人材を育成することが急がれる」と、日本の経済成長の維持という大きな目標を設定したうえで、社会の変化に対応する〈主体性〉を持つ人材の育成が求められたが、なぜそのような人材が、経済成長の維持に寄与するのかは明確にはされない。

『第3期教育振興基本計画に向けた意見』(経団連　2017) では、次のように示される。少々長くなるが引用しておこう。「急速に進展する IoT (Internet of Things) やビックデータ、人工知能などをはじめとする技術革新や、経済活動の一層のグローバル化などにより、2030年代以降、わが国の産業・社会構造や雇用環境、また就学・就業構造は劇的に変化すると予想されている。経団連が累次にわたる提言で指摘してきたように、こうした激動の時代にあって、産業界が求めているのは、変化に対応しつつ、グローバルにリーダーシップを発揮し、イノベーションを起こして新たな価値を創造できる人材である。求められるのは、自らの問題意識に基づき課題を設定し、他者に正解を求めず、主体的に解を作り出す能力、自らの意見を対外的に発信する力、外国語によるコミュニケーション能力、文理の枠を越えた幅広い知識と教養(リベラルアーツ)、多様性を尊重し社会・文化的背景の異なる人々と協働する力、そして情報を取捨選択し課題解決のために使いこなす情報活用能力などである」と、産業界が求める様々な能力が示される。技術革新やグローバル化などまだ見ぬ社会変化に対応するために、新しい課題を設定し自ら主体的に解を作るとともに、発信力、協働力、さらに外国語能力、知識・教養、情報活用能力など様々な能力を求めているのである。

ここで示されるのは、1990年代に見られたように、他者とは異なる特別な能力を持った強い個人ではなく、一般的ともいえる様々な能力を求めていることである。それを一個人に求めるというのは酷であり、また現実的ではないとも考えられる。しかし、その翌年の提言では、このように多様な能力を一個人に求めるのではなく、様々な能力を持った個人が協働することで、社会変化に対応することが示される。次にその部分を詳しく見ていこう。

『今後のわが国の大学改革のあり方に関する提言』(経団連　2018b) では、「技術革新が急速に進む中、自らの問題意識に基づいて課題を設定し、その解決に向けて主体的に取り組む能力を有する人材、また、文系・理系を問わず、多様で幅広い知識と教養、リベラル・アーツを身につけ、それを基礎として自ら深く考え抜き、自らの言葉で解決策を提示することのできる人材」を求めるとし、技術革新という社会変化に対応するために、知識・教養を身につけ、主体的に考え、問題解決する人材を求めている。ただし、同提言では、「これらすべての資質、能力を全員が身につけることは難しい」と指摘したうえで、「多様な個性やスキル・能力、可能性を持つ人材を適材・適所で育成・活用する必要」があるとする。一個人に多様な能力を求めるのではなく、複数人がチームとなって協働することで社会変化に対応し、問題解決するという視点が示されている。しかしながら、2010 年代以降も、社会変化への対応と、自ら設定した課題解決に主体的に取り組み協働することがどのように結びつくのかは曖昧なままである。

　経済団体の提言は、産業界を代表して政府や教育行政等に対して、公に、マクロな視点からなされるものである。経済団体の提言で、〈主体性〉を求める理由として示されたのは、日本経済再生や、急速に進展する技術革新やグローバル化という社会変化への対応である。しかし、「日本経済再生」や「社会変化への対応」のために、なぜ人々に〈主体性〉が求められるのか、また、求められた〈主体性〉がどのように機能するのかは、曖昧なままである。
　では、広く学生らに対して、企業が求める資質・能力を示す企業採用部門においては、〈主体性〉を求める理由はより具体的に示されるのだろうか。次節では、企業採用部門が〈主体性〉を求める理由をどのように示しているのか分析を行う。

2.　企業採用部門

『就職四季報』(2002 年、2011 年、2021 年) の「求める人材」の記述を対象とし

て、企業採用部門が〈主体性〉を求める理由をどのように示しているのか分析する。『就職四季報』の「求める人材」は、30 文字程度の短文で記述されているため、〈主体性〉を求める理由が詳細に示されないという限界はあるものの、〈主体性〉に関わる語彙を見ることによって、企業採用部門が〈主体性〉を求める理由について検討してみよう。

(1) 2000 年頃：社会変化への対応

　企業採用部門では、経済団体の提言で示された「日本経済再生」のような日本経済全体に関わるような理由は示されない。これは企業の採用部門は、自社が求める人材や求める理由を示すことに重きを置くためと考えられる。しかし、「社会変化への対応」のために〈主体性〉を求めるという視点は見られる。例えば、「新しい技術や知識に対し、自ら進んでチャレンジする実行力を備えた人」(2002 年：情報・通信)のように、IT 企業として技術革新という社会変化への対応を述べるものがある。また、「「変化」の時代に対応できる人　①自立　②好奇心　③挑戦」(2011 年：小売)、「世の中の変化にすばやく対応する柔軟性と自己変革のできる人」(2011 年：サービス)、「自らの考えで行動し、変化に的確に対応できる自立型人材」(2021 年：小売)のように、どのような変化かについては定かでないものの、これから起きるであろう何らかの社会変化への対応のために、〈主体性〉が必要と述べるものがある。このような変化への対応のために〈主体性〉を求めることは、2002 年、2011 年、2021 年の各年において示される。

(2) 2020 年頃：組織のメリット

　他方、『就職四季報　2021 年版』で特徴的に見られたのは、仕事を通して社会変化を起こすために〈主体性〉を求めること、また、自社組織のメリットのために〈主体性〉を求めることであった。

　例えば、「「社会を支え、変革したい」という想いを胸に、自ら行動し、多くの人に影響を与えられる人材」(2021 年：情報・通信)、「豊かな未来の実現のために、自らの想像力と創造力を発揮できる人」(2021 年：情報・通信)のよ

うに、社会の変革や、豊かな未来の実現というビジョンを示すものがある。これらは、仕事を通して社会変化を起こし、未来を作り上げるという学生にとって「やりがい」を感じさせる理由を示しているとも考えられる。

　次に、自社組織のメリットのために〈主体性〉を求める例を見てみよう。「世の中の変化にスピードをもって対応し、組織に自ら変革と創造をもたらす人材」(2021年：小売)、「社会を支える鉄道のプロフェッショナルとして、自ら考え行動し自己を高め、次世代につなげていく人物」(2021年：運輸・郵便) のように、自社の組織変革や、特定事業の次世代への継承のために〈主体性〉を求めるという理由も示される。

　さらに、「お客様のビジネス価値向上のために、深く考え、主体的に行動できる人」(2021年：情報・通信)、「顧客視点で課題を解決する為にあらゆる手段を考え、自発的に行動できる人」(2021年：情報・通信) と、自社のビジネス価値向上や顧客対応という、より具体的な目的のために〈主体性〉を求めるものもある。2020年頃には、〈主体性〉を求める理由は、自社組織のメリットにも結びつけられるようになったといえるだろう。

　ここで、経済団体と企業採用部門の〈主体性〉を求める理由について比較しておこう。経済団体は、1990年代初頭のバブル経済崩壊の影響を受け、1990年代には「日本経済再生」を〈主体性〉を求める理由とした。また2010年以降は、急激に進展する技術革新やグローバル化などへの対応が課題となり、「社会変化への対応」という曖昧な目的を設定し、そのために〈主体性〉を持つ人材を求めた。

　他方、企業採用部門は、2000年以降、経済団体と同様に「社会変化への対応」のために〈主体性〉を求めた。そののち2020年頃には、自社の組織変革やビジネス価値向上など、〈主体性〉を求める理由を自社のメリットに結びつけて示すようになった。

　では、仕事の現場である企業事業部門においても、企業採用部門と同様に、社会変化への対応や自社組織のメリットが、〈主体性〉を求める理由として述べられるのだろうか。それについて、次節で分析しよう。

3. 企業事業部門

　前章では、企業事業部門で求められる〈主体性〉は、「自分なりに考える」、「発信する」、「仕事に関して協働する」を内包することを示したが、ここでは管理職者らが、そのような〈主体性〉を求める理由について検討することになる。

　検討の前に、管理職者ら自身のキャリアについて考えると、彼ら／彼女らは入社後すぐに管理職者になったのではなく、一般社員として数年から十数年の経験を持つと考えられる。大学等を卒業したのちに新入社員として企業に入社し、一般社員として何年かの業務経験を経た上で、エントリーレベルの役職（主任、係長など）に就き、その後、管理職（課長、部長など）となった者も多いだろう。彼ら／彼女らの発言は、現在の管理職者としての立場や経験からの意見であるとともに、管理職者ら自身が、若手社員であった頃からの経験にも基づいている。

　他方、企業組織について考えると、企業は社会的役割を果たすことで利益を得ている。企業、また管理職者らが、社員になんらかの資質・能力を求める場合、企業としての社会的役割やその利益につながるものと考えられる。また、企業は、人（人的資源）、モノ、金、情報、時間、企業文化という「経営資源」（リソース）を用いて事業を推進するが、〈主体性〉を求める理由が、このような経営資源の有効利用につながることもあろう。

　事業部門の管理職者の業務という観点から考えると、管理職者にとっては、職場内教育（OJT）による部下の育成も重要な業務のひとつである。このようななか、若手社員に〈主体性〉を求める理由がどのように語られるのか、管理職者の発言の分析を進めていこう。

(1) 社会変化（社内変化）への対応

　経済団体、企業採用部門の分析では、〈主体性〉を求める理由として、「社会変化への対応」が示された。では、その社会変化への対応は、仕事の場においても〈主体性〉を求める理由とされるのだろうか。

上司が答えや方針を示せないこと

　社会変化のために上司から部下にトップダウンで示せる正解が無くなり、そのためそれぞれの社員に〈主体性〉が求められていることが述べられた。

　　「やっぱり危機感の表れで、経団連調査でも「主体性」っていうのは、「<u>トップダウンで落とせるものがそうそう無い</u>」っていう。トップがすごいリーダーで、その人が燦然と輝く何かを持っていて、みんなが従えばいい、みたいなことができないので、<u>それぞれがきらきらして、いい案をどんどん出して、（中略）どんどん打ち手をやってくれるような活発な会社になって欲しい</u>って。」(M2)

　先行き不透明な社会において、企業のトップは必ずしも成功につながる方針を示すことができず、そのためそれぞれの社員にいい案（アイデア）を出すことが求められるという。

　では、このような状況は、近年（2020年頃）の特徴として認識されているのだろうか。次のM2は、1980年代後半には、社員が〈主体性〉を持つことは、それほど求められてはいなかったという。

　　「（筆者追記：1980年代後半の仕事について）自分の改善とか業務の改善とかはやってたんですけど、今言われるみたいな、今私たちが若者たちに「主体性」を持ってっていうような、どちらかと言うと<u>どういう打ち手をしていくか、みたいなことを考えることは、当時そんなことはいらなくって</u>。A（筆者注：機器名）のスペックを、（中略）ブレイクダウンしてくれる上の方たちがいて、うちの部分に落ちてきている。（中略）<u>業務と目標が一つ</u>。みんな、目標が一つだったんですよね。」(M2)

　旧来の業務においては、社内の誰か（他者）が決めた確固とした方針があり、それがまた社内の誰か（他者）によってブレイクダウンされ、各部門に遂行す

べき業務として割り当てられていた。そこで示される目的は明確であり、各社員は何をすべきか考える必要もなく、決められた業務を早く、間違いなく進めることに邁進していたという。しかし、近年においては、上司、管理職者らは、自信を持って方針を示すことはできない。

「世の中の会社もそうだと思うんですけど、答えが明確でないじゃないですか。だからマネージャーとか、上司に答えが無い。だから一緒に考えなきゃいけないとすると、まっさらの状態で来られてもね。議論にならないっていうか。」(M3)

現在は、上司は答えを持っておらず、確固とした方針を示すことができない。そのため、部下が「まっさらの状態」、つまり何の情報や考えも持たずに相談に来たとしても、上司は答えを示すことができないのである。

旧来の知識や経験の価値の低減

激しい社会変化に対応するために、新しいことに取り組む必要性についても語られた。

「電機メーカーって厳しくてですね。あの携帯電話が、昔のガラケーがスマホにいっぺんに変わると、(中略)ボタンという需要が全くなくなるわけですね。そういう具合に今までやってこれたものがまったく変わってしまうという世の中に、そっち側の新しいものを作る方に行かないと淘汰されますので。そういう意味では、新しいことに取り組んでもらうような人材の方がお互いにやっぱりいいと思います。」(I7)

社会変化の激しさについて、「今までやってこれたものがまったく変わってしまうという世の中」と述べている。これは、これまでの仕事に関する知識や経験、つまり旧来の知識や経験の価値が大きく減じる可能性を示唆するものである。そのため、若手社員には、従来とは異なること、新しいことに

取り組むことを求めている。

　社会変化の激しさが、従来の知識や仕事の経験の価値を減じさせるとすると、そのような知識や経験を持つ上司は、どのように変化に対応しようとするのだろうか。旧来の知識や経験の価値が低減するなか、それぞれの社員に新しい視点で新しい情報を探して、情報提供することを求めている。

　　「上司が間違った指示する可能性があるから、間違った方向性を。<u>そこをうまく、「こういう方向です」と言えるとか、自分で情報探してくるとかなってないと、本当に世の中が求めている方に行けないと思うんだけど</u>。上司の通りにやってれば、うまくいく時代は終わったので。」(I12)

　変化の激しい時代においては、旧来の情報の価値は低減する。そこで上司である管理職者らは、若手社員が管理職者らとは違う感覚で情報を収集し、若手社員から上司に対して「こういう風に」と方向性を示すことを求めている。

　前述したように、社員になんらかの資質・能力を求める場合、それは企業が果たすべき社会的役割や利益と関連することも少なくないと考えられる。次に、社員の〈主体性〉が、企業の社会的役割や利益につながると認識されているのかについてみていこう。

(2) 組織のメリット
　管理職者らが、〈主体性〉を求める理由のひとつとして語ったのは、若手社員の〈主体性〉と仕事成果との結びつきである。

仕事の成果──成果（アウトプット）の向上
　まず、若手社員の〈主体性〉と、仕事の成果（アウトプット）が結びつくと認識されていた。

　　「(主体性について)<u>やっぱりアウトプットが違いますよね</u>。だから (筆者追

110

記：上司が）言ったことっていうのは、確かにそうだったかもしれないけど、背景理解してないと、全然（筆者追記：上司の）期待と違うアウトプットを出したりすると思うんですけど。」(M3)

「（筆者注：主体的でないと）感動をさせる力が弱いと思う。なんかね、思いが、なんていうのかな平均点みたいなＴ（筆者注：製品のこと）つくっちゃうんですよ。（中略）アンケート取れば、みんな好きだっていうかもしれないけど、誰の心にもひっかかんないよねみたいな。」(M4)

「何のためにその仕事をしているのか」、自分なりに考えることが無ければ、アウトプットが上司の期待に届かず、よい仕事の成果につながらないという。また、〈主体性〉が無いと、「誰の心にもひっかからない」インパクトに欠けるアウトプットが出されるという。

　このように管理職者らは、仕事に関して、社員にこと細かに指示を出しているのではなく、社員が自分で考えることを前提として課題を示し、その解決やアウトプットを求めている。このようなインパクトのあるアウトプットを求める背景には、近年のユーザの価値観の多様化があると次のように述べられた。

「30年前ぐらい前のＴ（筆者注：製品のこと、以下同様）開発だと、いいＴ作ってたら済むんだと思うんですけど、（中略）私たちの課題は、すごく多様化したお客様の価値観に対して、ちゃんとピンポイントで刺さるＴをお届けしたいんですよね。（中略）Like じゃなくて、Love を創ろうっていつも言ってるんですけど。それがなんか、及第点っていうか、不合格じゃないでしょみたいな、ところを目指していると、Love にはならない気がして。」(M4)

　製品開発においては、価値観が多様化した利用者にインパクトを与える製品が求められ、そのために若手社員に「自分なりに考える」ことを含む〈主体

性〉が求められる。社員の〈主体性〉の有無が、仕事のアウトプットに関わると述べられた例をもう少しあげよう。

> 「（主体性とアウトプットについて）大きく関わってきますけどね。通り一遍は通り一遍。悩んだ跡がない。（中略）悩んだ跡がないと深みがないんですよ。」（M1）

> 「だから同じ仕事に付加価値つけられる。それがあるとないのと全然違うし、同じ仕事頼むにも、主体性ある人には頼みますよね。」（R15）

> 「主体性があると、（中略）質もしかり、やれる量も、同じ量やってても、プラスの量になる」（I11）

「深み」や「付加価値」という言葉が用いられているが、いずれも〈主体性〉の有無が仕事の「質」に関わると認識している発言である。また、仕事の質だけでなく、「量」にもプラスの影響を与えるとされる。

　ここまで、〈主体性〉と個人の仕事の成果についてみてきたが、個人の社員の〈主体性〉は、チームとしての仕事の成果向上にも寄与するとされる。

> 「（主体性があると仕事が違ってくるか）違うと思いますね。（中略）やっぱり一人一人が考えていける方が、当然強いかなという気はしますね。いいものを開発する、いくつか選択肢がある中で、いいものが開発できるでしょうし。例えば原価低減も、複数あるサプライヤーの中から、もっとこうこっちの方が良いとかですね。作るための工程も、まあ短期になったりとかっていう風な。」（M5）

　個々の〈主体性〉は、チームとしての仕事成果の向上、また原価低減や開発工数の削減につながる。つまり、社員の〈主体性〉は、金（カネ）や時間といった経営資源（リソース）の有効利用にもつながると認識されているのである。

仕事の成果——生産性・利益の向上

　社員の〈主体性〉は、また、生産性向上や利益向上にも結びつけられ語られていた。

　　「(主体性の有無で仕事は変わるか)<u>組織全体としての生産性みたいなのは変わってくるでしょうね。</u>(中略)やっぱり上司が手取り足取りっていうところから、また同じ間違いしてんじゃねーよ、みたいところが何回も出てくるような部下だと、どうしても<u>生産性が落ちますよね。</u>」(F17)

　若手社員の〈主体性〉によって、組織全体の生産性を向上させることができるという認識である。それとは対照的に、上司が手取り足取り指導しなければならない〈主体性〉が不足している社員であれば、当然ながら組織としての生産性は下がる。仕事を繰り返していくことによって、社員の〈主体性〉の有無が、仕事の生産性に影響を与えることが明確になってくるであろう。

　もう一つ、〈主体性〉と生産性向上に関する語りを見てみよう。

　　「<u>主体性が無い子っていうのは、要は言われたことはそのままやりますが、何か壁にぶつかった時だとか、ひどいときは手が止まってしまう。相談しないみたいなのがひどいパターンですね。主体性がある子っていうのは、</u>同じ課題を与えても、いろいろ工夫して、いろんな効率的なやり方だとか、そういったところを<u>工夫して取り組むから、結局、正確性も高いし、早い。</u>」(I13)

　〈主体性〉が無い若手社員は、「自分なりに考え」ないため、問題にぶつかると対処できず、上司に相談するという「発信」もしないため仕事が止まるという。他方、〈主体性〉がある若手社員は、自分なりに考えて工夫することで、仕事も正確で処理も早く、これによって生産性の向上が見込まれる。次の営業に関わる管理職者は、〈主体性〉と売上、利益の関係について述べた。

「（主体性によって仕事のアウトプットは変わるか）明らかに変わると思いますね。（中略）仕事をしたことによって、そこでの気づきとか、そこでの喜びとか、次に繋がるような自覚みたいなものが、主体性があるから感じるわけであって、（中略）最終的には売上とか、利益とかそういうものに繋がっていくんだと思うんですけど。」(R14)

　若手社員の〈主体性〉は、すぐには売上や利益に結びつかないものの、〈主体性〉があるからこそ経験を無駄にせず、それが最終的には売上や利益につながるという。次の I10 は、一人一人の社員の〈主体性〉と企業の存続を結びつけて語った。

「（主体性が無いと困るのか）困りますね。やっぱりテイの良い言い方をすると、ダイバーシティっていうか。社員が点だとしたら、点がこう広がってくるんですよ。（中略）主体性がないと、出来なくはないんですけど、全部指示をしなきゃいけない。それだとやっぱり企業としては最終的に業界で負けちゃうと言うか、パワーがなくなって相対的に市場から撤退する。」(I10)

　それぞれの社員に〈主体性〉があればチームの力になるが、〈主体性〉が無ければ、上司が細かく指示をしなければならないため生産性が下がる。そのため、その企業は業界で勝ち残ることができず、市場から撤退するという。管理職者は、社員の〈主体性〉の有無が、市場からの撤退という会社の存続を左右するという認識まで持っている。
　ここまで見てきたように、管理職者らは、社員の〈主体性〉は、仕事成果の向上や、生産性・利益の向上という組織のメリットに強くつながると認識しており、最終的に企業の存続にも影響を与えると考えている。
　次に社員の〈主体性〉の有無が、管理職者の業務に与える影響という観点から検討してみよう。

(3) 管理職者のメリット

　若手社員の〈主体性〉の有無は、管理職者の業務にどのような影響を及ぼすのだろうか。管理職者の発言から示されたのは、若手社員の〈主体性〉は、管理職者の業務負担の軽減に寄与することである。

管理職者の業務負担軽減

　管理職者らは、〈主体性〉が無い若手社員に対しては、時間を取って関わっていることが述べられた。

> 「主体性が無いと、どうしても、「あれはどうなってる」、「これはこうした方がいいね」とか、会議に一緒に出て、サポートしてみるかとか。(中略)ほっとくと、「あれどうした」って言うと、「こうです」って、「止まってます」みたいになっちゃうと先進まないんで。ちょっとずつ介入する感じですね。(中略)ちょっと手間がかかる。」(M2)

　社員育成は、管理職者の業務の一環であり、OJTによる教育や進捗確認は、管理職者の業務の範疇である。そのため〈主体性〉が無い社員に対しては、管理職者から声をかけて、仕事の進捗状況をこまめに確認したり、会議に同席したりと自分の時間を割いている。社員の〈主体性〉の有無によって、管理職者自身の関わりがどのように異なるのか、次の3人の語りから確認する。

> 「(主体性が無い社員への対応) 定期的なミーティングで、そこで指摘する。(中略) 主体的な方は、フェードアウトするけど、そうじゃない方(筆者注：主体性が無い社員が出席するミーティング) は毎週出て。」(I12)

> 「(筆者追記：主体性が) 無い人には、こちらが少しずつこう、手取り足取りじゃないですけど、関わっていかないといけない。でやっぱりアプローチの仕方が違ってきますね。」(M5)

「言ったことしかしないってなると、いちいち指示を出さないといけない
という意味で、その辺は手間暇がすごくかかるんではないでしょうかね。」
（F17）

〈主体性〉がある若手社員へのサポートは一時的なものに留まるが、〈主体
性〉が無い社員に対しては、継続して管理職者の時間を割り当てている。ま
た、管理職者自身が考えて、指示を出さなければならないことは、管理職者
の業務負担の増加につながる。企業の経営資源（リソース）という面から考え
ると、管理職者の「時間」というリソースを、〈主体性〉が無い社員のために
費やしているといえる。しかし、社員に〈主体性〉があれば、管理職者の「時
間」というリソースを他の業務に割り当てることができるのである。
　次も〈主体性〉が無い若手社員に対しては、時間をかけて対応している例
である。

　　「（主体性の有無による上司の関わりの違いについて）変わってるか、変わっ
　　てないかって言うと、変わってると思いますが。できるだけ伝えて、で
　　きるだけ考える機会を持たせるという意味で言うと、聞いてる時間が長
　　いかもしれないですよ。同じ話をするにしても、聞くと言うか、聞き出
　　すと言うか、あんまり聞き出せないと指示を出すこともあるかもしれな
　　いですけど。無駄な工数がかかりますね。」（I11）

〈主体性〉が無い社員に対しては、社員自身に考えさせるために、聞き出
す時間を長く取っているという。前述したように、部下社員の育成は、管理
職者の業務の一環であるため、〈主体性〉が無い若手社員への対応は、管理
職者自身の業務負担になると明確に述べる管理職者はいない。しかしながら、
「手間暇がかかる」、「無駄な工数がかかる」という表現によって負担感を示
している。
　管理職者からは、〈主体性〉が無い社員への教育（OJT）の忌避までは述べら

れなかったものの、もし、社員の〈主体性〉欠如によって、管理職者の「時間」というリソースの消費が続くのであれば、当該社員は〈主体性〉がそれほど求められない業務や立場に置かれることも十分視野に入ってくるであろう。

管理職者から社員への信頼感

社員の〈主体性〉は、管理職者の業務負担の軽減につながることを示したが、次に、管理職者から当該社員への信頼感という視点から分析してみよう。ここまで管理職者らは、〈主体性〉が無い若手社員に対しては、仕事の内容や進捗状況を細かくチェックしていると語ったが、そこからは〈主体性〉が無い社員への信頼感のなさが浮かび上がってくる。

> 「主体性無しというのであれば、（中略）より仕事が確実にできるためにはどうするかということをチェックしにかかると言うか、（中略）ですからもう育成するというよりも、仕事の中身をしっかり確かめて、その上でお客さんに評価してもらおうと。」(M6)

> 「主体性が無いと言うか、そういう子に関しては、もうすごく細かいことまで気にして、こっちが見てあげないと、全然できていかないかな、という気はしますね。やっぱり主体性がある子って、（中略）だんだん一言二言会話すると、自分の中できちんとできていくという感じがあるということで。」(I8)

〈主体性〉が無い若手社員に対しては、仕事に関して細かいチェックを続けるが、〈主体性〉がある若手社員は信頼して、仕事の確認も簡単に済ませている。〈主体性〉が無い若手社員には、仕事を任せることができず、その信頼感は低い。他方、〈主体性〉がある社員に対しては、信頼感を持っていることがうかがわれる。〈主体性〉がある社員に対しては、詳しい報告は求めないという語りもあった。

「（主体性がある人への関わりについて）なるたけ自分で動けるようにはして
欲しいので、<u>自分で動ける人は、自由にすると言うか。報告もそんなに</u>
<u>ガチガチ言わず、理解ができればいいやって感じで、ちょっと普通の雑</u>
<u>談程度で指示するみたいな感じができるので、ある意味割と頻繁にでき</u>
<u>る</u>と言うか。」(M2)

　〈主体性〉がある社員に対しては、報告も簡単に留め、雑談の中で頻繁に行っ
ているという。〈主体性〉がある若手社員には信頼感を持っており、仕事を
任せている様子がうかがえる。
　また、社員に〈主体性〉が無い場合、その社員は上司や仕事に対する拒否
反応を示すとされる。

　　「<u>主体性の無い子は</u>、全部、だから、聞いてくるんですよね。「こういう
　　ことが起きてます。どうしましょうか？」、「あなたどう思うの」って常
　　に聞く感じですよね。ちょっとなんか<u>他責だったり、決められない理由</u>
　　<u>みたいなのを並べてきたりするんだ</u>よ。」(M3)

　　「主体的に、どうしたらいいって考えられる場合だと、聞いてできなく
　　ても、どう改善していこうって考えるかもしれないし、<u>できないとどう</u>
　　<u>しても拒否から入ってしまう</u>。（中略）最終的には拒否みたいになるケー
　　スはある。」(I11)

　〈主体性〉の無い社員は、「自分なりに考えない」ため、管理職者に常に指
示を仰ぐ。しかし、それだけに留まらず、仕事について考えさせようとして
も、仕事の本筋ではない「他責や言い訳、拒否」に終始するという。このよ
うな他責や言い訳に対して、管理職者は、仕事の問題に引き戻した上で、業
務について考えさせているのであろう。そして、そのような拒否反応を持つ
社員に対して、管理職者は信頼感を減少させるものと思われる。
　社員の〈主体性〉は、管理職者の業務負担の軽減や、管理職者から当該社

118

員への信頼感にも関連しており、社員が〈主体性〉を持つことは管理職者の
メリットにつながるといえる。

(4) 若手社員のメリット

　ここまでの分析では、社員に〈主体性〉を求める理由について、組織のメリッ
ト、管理職者のメリットという視点から検討した。次に、〈主体性〉と若手
社員個人のメリットとの関係について検討する。社員個人のメリットは、管
理職者のメリット（業務負担の軽減など）や、組織のメリット（仕事成果の向上な
ど）にもつながりえるが、ここではまず個人のメリットとして分析を行う。

仕事の面白さ

　〈主体性〉は、面白く仕事をすることに結びつくことが、異口同音に語ら
れた。一部再掲も含め示す。

　「自分でこう<u>主体的に考えてする</u>からこそ、<u>自分も成長する</u>でしょうし、
　<u>仕事も楽しい</u>でしょうし、<u>やらされ仕事</u>で、ちょっと語弊があるかもし
　れないですが、<u>こなしていくだけだと楽しくない</u>はずなんで」(I11)

　「<u>自分らしく</u>とか、<u>工夫を出してみる</u>とか、そういうことがないと、<u>自
　分自身もやってて楽しくない</u>んじゃないのって話になりますよね。」
　(M6)

　「<u>主体性が無い</u>って、<u>言われたことしかやらない</u>となると、ちょっとそ
　<u>ういったのは面白くない</u>気がしますけどね。」(M5)

　「<u>主体性がなければ、まったくやらされ仕事で面白くもならない</u>でしょ
　うし。」(R14)

　「楽しく仕事するのに、<u>自分で書いたシナリオを作っていかないと面白</u>

くないと思うんですよね」(M2)

　主体的に自分なりに考えて、仕事をすることの楽しさが語られ、〈主体性〉と対比的に用いられる「やらされ仕事」は楽しくないはずとされる。やらされ仕事とは、他者に言われたことをするということである。

　「(主体性と面白さは結びつくか) 結びつきますよ。細かく言われて、成功しても面白くないですよ。」(R14)

　他者から細かく指示された仕事は、たとえ成功したとしても、面白さには結びつかないという。このように管理職者らが異口同音に、〈主体性〉と「仕事の面白さ」を結びつけるのは、管理職者ら自身が、これまで主体的に仕事をしており、その経験から「〈主体性〉＝仕事の面白さ」と認識しているためであろう。〈主体性〉と結びつく「仕事の面白さ」について、制約という「枠」があるからこそ、面白さがあるとも述べられた。

　「どういうことでも課題があって制約があるんですけど。(中略) どんなことでも裁量はあるんで。逆に制約があるからこその面白みがあるんでしょう。(中略) もっともっと面白がって自分の裁量でなんでもできるよっていう。」(M1)

　社会の様々な組織には、何らかの制約があると考えられるが、管理職者は、企業としての制約があるなかで、与えられた仕事裁量を生かし、主体的に仕事をすることと、面白く仕事をすることとを結びつけている。次の2名の発言からは、自分の仕事の範囲内で、〈主体性〉を持って仕事をすることで、面白さを感じていたことがわかる。

　「なんかこうこれをもっと効率的にできないか、とかそんなことを考えてやっているうちに結構楽しくなって、結構仕事好きでしたね、あんが

い私は。」(I7)

「<u>自分の担当は</u>こういう風にしようかとか、<u>自分で判断、考えてできる</u>じゃないですか。<u>そういう仕事になると楽しいです</u>よ。」(I13)

　制約があるなかでも、自分に与えられた裁量を生かすことができれば、〈主体性〉と仕事の面白さは分かちがたく結びつく。管理職者らは、「〈主体性〉＝仕事の面白さ」を共有しているために、「仕事を面白そうにしている＝〈主体性〉がある」とも認識している。

「<u>面白そうにやってる人は主体的</u>、つまらなそうにやってるのは受け身っていうか」(I12)

「(主体性が無い人)<u>楽しくなさそうに見えてしまう</u>というのはあります。」(M23)

「そもそもどんな仕事でも、楽しんでやってますよね、主体性がある人は。(中略)表情が全然違うんですよね。自分で主体性を持ってやってる人と、そうじゃなくて受け身で言われたことだけやってる人は」(R15)

　管理職者らは、面白そうに仕事をしていれば、その社員は〈主体性〉を持って仕事をしていると見る。管理職者らは、「〈主体性〉＝仕事の面白さ」を共有しており、〈主体性〉を持つことは、当該社員にとっても「仕事の面白さ」というメリットとなると認識している。

個人の成長
　〈主体性〉は、個人の成長にもつながること語られた。再掲も含め示す。

「(若手社員に主体性は必要か)思いますね。自分でこう<u>主体的に考えてす</u>

るからこそ、何て言うんですか、自分も成長するでしょうし、仕事も楽しいでしょうし。」(I8)

「(若手社員に主体性は必要か)自ら考えるので、自分でやらなきゃいけないと、成長していくと言うか。」(I11)

「主体性がある人にはどんどんチャレンジャブルなテーマが集まっちゃって、どんどん成長するっていうサイクルになっちゃう感じ。」(M4)

　社員が主体的であること、つまり社員が「自分なりに考える」ことは成長につながるという。また、〈主体性〉がある若手社員に対しては、管理職者らが期待をかけ、チャレンジャブルなテーマ、つまり、困難ではあるが仕事を通した成長が見込まれる業務が割り当てられ、さらに成長が促されるというサイクルに入るという。

「主体性がなかったら(中略)成長しないんですよ(中略)。本人の成長のためには、主体性が絶対にいると思いますね。」(R14)

「(主体性の有無で仕事は変わるか)やっぱりスピードとか、本人の成長だとか(中略)は変わってくるでしょうね。」(F17)

「(主体性があると何が違うのか)やっぱり、同じことをずっとやっていてもなかなか成長も望めないので(中略)。そういうことをずーっと繰り返すことで企業側も発展できるし、個人の成長も期待できるということで、それはお互いにとっていいなと思います。」(I7)

　社員の〈主体性〉は、社員個人の成長につながり、それは企業の発展にもつながると認識している。管理職者らは、社員個人の〈主体性〉は、当該社員の人的資本を向上させると考えているといえるだろう。

社会関係資本の獲得

　企業において社員に求められる〈主体性〉は、「仕事に関して協働する」を
内包することを前章で示したが、このような〈主体性〉は、他者との関係に
ついても何らかのメリットを生むのだろうか。まず、社員と管理職者との関
係に着目すると、管理職者らは、〈主体性〉のある社員とは、自然と関わり
が深くなると述べた。

　　「（上司としての関わり方の違い）平等にやってるつもりでも、多分、<u>主体
　　性ある方が、関わりが深いと思う。向こうが言ってくる量が多いから</u>。」
　　（I12）

　　「<u>主体的だなって思うメンバーは、（中略）見てくださいって言ってくる</u>。
　　そうじゃないメンバーは、「聞いてないんで」みたいな、「それは言われ
　　てない」みたいなマイナスなフレーズをやっぱりするな、っていう印象
　　がある。」（I10）

　〈主体性〉がある社員は、「言ってくる」と表現されているが、これは〈主体
性〉に含まれる「発信する」ことが、上長である管理職者に対して頻繁に行わ
れていることを意味する。〈主体性〉のある社員は、管理職者に対して「発信
する」ことで、アドバイスや協力を引き出すが、それは当該社員と管理職者
が「仕事に関して協働」していることを意味する。これが繰り返されることで、
〈主体性〉のある社員と管理職者の関係は、近く、深くなる。では、〈主体性〉
のある社員に対して、管理職者は具体的にどのような対応をしているのだろ
うか。

　　「<u>主体性がある人には、なるべくその人が動きやすいように</u>、逆に言うと、
　　こっちの存在が足枷にならないようにとは思いますし。」（M5）

　　「主体性が無い社員が目の前にいたら、当然その社員に主体性をもって

もらうためにはどうしようかって、考えて接しますよね。(中略)主体性がある人は、さらに伸ばそうとします。」(R14)

　管理職者は、〈主体性〉がある社員に対しては、動きやすいように配慮し、またより成長させようとしている。次は、〈主体性〉のある若手社員への対応について、さらに具体的に語ったものである。

　　「主体性がある人は、(中略)その先にはこれを勉強するとちゃんと使えるようになるとかっていう先々を見た話ができるじゃないですか。」(M6)

　　「主体性のある子は、自分で次こうしようというかアイデアも浮かぶし、それで能動的な動きになるのでもっと後押ししたくなりますよね。(中略)自分だけではできないであろうことに関しては、関係部署を取り次ぐとかですね、そういう方向に行くんですけど。」(I7)

　管理職者らは、〈主体性〉のある社員に対して、先々必要になる知識を与えたり、関連部署との関係を取り次いだりするなど具体的な支援を行っている。これらが継続して行われることによって、〈主体性〉がある若手社員は、仕事に関する社会関係資本をより多く獲得すると考えられる。ではなぜ管理職者はそのような支援を行うのか。〈主体性〉のある社員と仕事をすることは、管理職者自身にとっても楽しいことであるという語りもあった。

　　「(主体性のある社員について)こちらも一緒に仕事してて楽しいのもあるし、もっと深いとこまでいけるじゃないですか。(中略)こいつを部下に欲しい、役に立つからって言うんじゃなくて、その人と一緒に仕事したいって。」(M1)

　部下社員の育成は、管理職者の業務の一つであり、これまでの管理職者の

語りからも、管理職者らは社員の〈主体性〉の有無に関わらず職場内教育（OJT）を行っていることがわかる。しかし、〈主体性〉がある社員と仕事をすることは、管理職者自身の「楽しさ」にもつながる。ここでいう「もっと深いところまで行ける」は、より良い仕事や、より面白い仕事ができることを意味するものであろう。

　管理職者らは、仕事の成果のためだけに社員の〈主体性〉を求めるのではなく、管理職者自身も〈主体性〉がある社員と働くことから楽しさを感じている。これは前出の M6 の発言「先々を見た話ができる」や、I7 の「もっと後押ししたくなります」からも感じられることである。社員の〈主体性〉は、上司である管理職者らに仕事の楽しさを与えており、それは、当該社員の社会関係資本を増やすことにもつながる。前述した〈主体性〉がある社員への「信頼感」も、当該社員の社会関係資本の多さを示すものとみることができよう。

　では次に、社員の〈主体性〉と同僚や他部門社員との関係について見てみよう。

　「横のつながりとか使って、やれてる子は主体性があると思う。調べるだけじゃなくて、隣にいる誰かに聞くとか、もっというと、よその部署までいって聞いてきちゃうとか、割と正しそうだと思ったときに、こういうテーマをやりたいんですけど、って上司に言ってくる。」(M4)

　〈主体性〉がある社員は、同僚や他部門社員というヨコ方向のつながりも利用している。〈主体性〉がある社員は、上長である管理職者（タテ方向の他者）、また他部門の社員（ヨコ方向の他者）との関係が深くなり、タテ方向とヨコ方向の他者からの信頼を得て、仕事に関わる社会関係資本を獲得していくのである。

社内変化への対応
　様々な社会変化の影響を受けて、企業も変化を余儀なくされており、社内変化や社内の方針転換は予測不能である。そのような状況において、〈主体性〉

を持つことは、社内変化に翻弄されないことにつながるとされた。

　「なんか主体性って言うと、（中略）そこが今大事って言われたからやらなきゃとか、でもそれが方針が変わったりすると、全然価値観も変わったりするわけで。（中略）<u>変わったらどうしていいかわかんないから、愚痴言っちゃうとか</u>、そうなっちゃうんじゃないかと思いますね。」(M2)

　「（主体性がない人はどう見えるか）外からの評価にへこたれたり、右往左往せずに、「自分の中に評価軸を持っておく」。<u>失敗してもそれをポジティブに考えられる自分軸を持っておくのが、大事なこと</u>なのかなと思っています。」(I24)

　〈主体性〉が無いと、会社の方針転換や他者からの評価に翻弄されるという。〈主体性〉は、社内変化などに振り回されず、自分でコントロールをすることにつながる。
　また、働き方の変化に関連して、新しい働き方とされるリモートワークや裁量労働制も、〈主体性〉を持って仕事ができる人であることが条件とされた。

　「うちもリモートワークを進めているんですが、<u>「主体的に仕事ができる人」</u>がある意味条件になっています。上司が見ていてあげないと次の仕事どうすればいいかわからないとか、迷っていても尋ねることができない人は、リモートワークは待ってもらおうかっていう話もあります。」(I24)

　「裁量労働制を活用できるのはある一定の職群だけです。（中略）<u>ある程度自分で主体的にテーマを動かすことができる職群だけがその権利を持っています</u>。」(M22)

　「リモートオフィスも OK なので、会社に通勤してこなくていいし、自

宅でも出先でも、リゾートでも、ほんとに誰とも顔を合わせない状態で
業務をすることも可能になりました。<u>主体性をもって各自が動けないと、
成果はあがりません。</u>」(M21)

リモートワークや裁量労働制のように、主体性、自律性を必要とする働
き方が許可されるのは、〈主体性〉を持つ社員に限定される[1]。新しい働き方も、
まず〈主体性〉のある社員を対象として許されるのである。

選抜・昇進

ここまでの分析で、社員の〈主体性〉は、仕事の面白さや、成長、社会関
係資本の獲得、社内変化への対応につながることを示してきた。では、この
ような〈主体性〉は、企業のなかで選抜されていくこと、つまり昇進と関連
するのだろうか。

「(主体性の有無で違いがでるのか)違う、全然違う。(中略)任せる仕事もだ
んだん変わってきちゃうんですよね。(中略)(筆者注:昇進について)34 と
か 5(筆者追記:歳)くらいでリーダー職みたいなのになる時に差がつき
ます。<u>でも本当はもっと前に、みんな(筆者注:管理職者ら)には見極め
られちゃってる。</u>」(M4)

「<u>主体性無い人が課長になるっていうあんまりイメージが(筆者追記:な
い)。なれないと。</u>」(I18)

〈主体性〉の有無によって、任せる仕事が変わってくるという。前述した
ように「主体性がある人にはどんどんチャレンジャブルなテーマが集まっ
ちゃって、どんどん成長する(M4)」という語りもあったが、社員の〈主体性〉
の有無は、どのような仕事を割り当てるのかにも影響を与えるのである。
　また、昇進について、公的には 30 歳代で差がつくものの、実際には入社
後数年で〈主体性〉の有無などから見極められているという。管理職者らは、

社員が〈主体性〉を持つことは、企業の中で選抜され、昇進するという個人のメリット[2]につながると認識している。これらの管理職者らの語りからは、管理職者自身は、主体的に仕事をすることで、その昇進のステップを上ってきたという自負も感じさせる。

　ここまでの分析で示されたのは、管理職者らは、社員の〈主体性〉が、企業組織のメリット（成果の向上や生産性・利益の向上など）につながるだけでなく、管理職者自身のメリット（業務負担の軽減など）につながると考え、さらに、当該社員個人にとっても様々なメリット（仕事の面白さ、成長、社会関係資本の獲得、社内変化への対応、昇進など）を生むものとして肯定的に認識していることである。

　管理職者らは、自らの経験から、〈主体性〉によって「やらされ仕事」から脱却し、「仕事の面白さ」が得られ、また昇進に結びつくと考えている。若手社員への〈主体性〉要求は、組織や管理職者にとって望ましいだけでなく、当該若手社員のためにもなるという認識である。管理職者らは、〈主体性〉に関わる自分自身の経験を参照することによって、若手社員への〈主体性〉要求を肯定的に捉えているのである。

4.　まとめ

　本章では、企業はなぜ〈主体性〉を求めるのか、その理由について分析した。ここでその結果をまとめておこう。

> 1）経済団体は、「日本経済再生」や「社会変化への対応」という曖昧な目的を設定し、そのために〈主体性〉を持つ人材を求めた。しかしながら、その目的に対して〈主体性〉がどのように機能するのかは、不明なままであった。経済団体の提言を対象として分析をする限り、〈主体性〉要求の理由は、はなはだ曖昧であり、実の無いものとして捉えざるを得ない。

2) 企業採用部門は、経済団体と同様に、「社会変化への対応」を〈主体性〉を求める理由とした。しかし、2020年頃には、〈主体性〉を求める理由は、自社のメリットに直接的に関連づけられた。この頃には若手社員の〈主体性〉は、企業組織のメリットにつながると企業内で認識されていたことが示唆された。

3) 企業事業部門においては、近年の社会変化の激しさは、管理職者らの「上司に答えが無い」との認識を生んでいた。この「上司に答えが無い」ことへの対応のために、仕事に関する知識や経験をそれほど持たない若手社員に対して、新しい情報を収集し、進むべき方向を自分なりに考えることを含む〈主体性〉が求められる。

4) 管理職者らは、社員の〈主体性〉が、組織のメリット、管理職者のメリット、さらに若手社員にとっても、仕事の面白さや昇進など様々なメリットを生むものとして認識している。

5) 管理職者らは、誰しもが明確な答えを示すことができない激しい社会変化のなか、社員に対する〈主体性〉要求自体を肯定的なものとして捉えつつ、若手社員に企業が進むべき方向を切り拓く〈主体性〉を求めている。

　では、管理職者らは、社員に求める〈主体性〉を、どのようにして評価し、育成しているのだろうか。次章では、事業部門を主な対象として、社員の〈主体性〉の評価、育成という観点から分析を行う。

注

1　リモートワーク（テレワーク）は、2020年、COVID-19対策のために推進され、その対象者は広がった。社員の〈主体性〉と、リモートワーク時の仕事の成果の

関連については今後の検討が必要であろう。

2　社員が選抜され、昇進することをメリットとするかどうかには検討の余地がある。しかし、仕事裁量が増え、所得増ともなると考えられることからここではメリットとしておく。

第4章
企業はどのようにして〈主体性〉を
評価・育成しているのか

本章の概要

　「企業はどのようにして〈主体性〉を評価・育成しているのか」、これについて企業事業部門を対象として分析した。

　まず、〈主体性〉(「自分なりに考える」、「発信する」、「仕事に関して協働する」)の評価について、「自分なりに考える」ことは、発言や行動、仕事の成果などとして外化されたものを対象として評価される。「仕事に関して協働する」は、上司や他部門の社員（タテ方向とヨコ方向の他者）からリアリティのある情報を引き出し、協働しているかによって評価される。また、〈主体性〉は、日常的に、複数の管理職者によって評価されることで、従来の仕事の評価と同様に大きくずれることなく行われている。

　企業における〈主体性〉育成の様相について、まず、旧来、管理職者らは、どのようにして〈主体性〉を獲得してきたのか分析した。管理職者の多くが、入社時には〈主体性〉が無く、仕事のなかで〈主体性〉を獲得したと認識していた。管理職者らが若手社員であった1990年頃には、職場内教育(OJT)で仕事を教えてくれる上司や先輩がいない「主体的にならざるを得ない場」に置かれることで、自ら〈主体性〉を獲得していた。

　他方、近年の企業における〈主体性〉育成では、管理職者らは、若手社員に対して自分で考えるように問いかけ、社員が自ら情報を収集するのを待つことなく、仕事や事業に関する様々な情報を提供している。さらに、「発信する」ことを促すために、「発言しやすい環境づくり」を目的として様々な取り組みを行っている。近年の企業における〈主体性〉育成の様相として示されたのは、管理職者や企業組織の多様なサポートによって〈主体性〉育成がなされていることである。

「自分なりに考える」、「発信する」、「仕事に関して協働する」という意味を内包した〈主体性〉は、企業においてどのように評価されているのだろうか。また、企業は、企業が求める〈主体性〉育成を、大学等の教育機関に要求するだけでなく、社内においても〈主体性〉を育成しようとしているのだろうか。もし、社内で〈主体性〉を育成しようとしているならば、どのように育成しているのだろうか。本章では、企業において管理職者らが〈主体性〉をどのように取り扱い、評価、育成しようとしているのか、事業部門の管理職者へのインタビューを主な対象として検討する。

1. 企業における〈主体性〉評価の方法

(1) 日常的に行われる〈主体性〉評価

　仕事の現場では、〈主体性〉はどのようにして評価されているのか。管理職者らは、若手社員の発言や行動を対象として、日常的に、彼ら／彼女らの〈主体性〉の有無を認識、評価していることが示された。第1章ではその一端を示したが、改めて検討しよう。

　　「たぶん僕が個人的に感じるのはやはり<u>普段会話をしていても、何気ない質問が、主体性がある子と、受け身で過ごしている子は違う</u>かなと思います。」(I8)

　　「(主体性があるとは)表面的に言うと、自分の意見はしっかり持って、指示なり命令を聞いて、そこにプラス<u>自分としてこうしたらどうでしょうという意見が言える子</u>」(R14)

　　「<u>ヨコの繋がりとか使って、やれてる子は主体性がある</u>と思う。」(M4)

　ここで示されるのは、管理職者らは、若手社員との日常的な会話で判断したり、当該社員と他者との関わり方を観察したりすることによって、社員の

〈主体性〉を評価していることである。次の M5 は、〈主体性〉の評価について、若手社員の言動を対象とするとした。

　「(主体性の評価について) 僕は<u>言動でわかりますし</u>、(中略) 何で動いてんのか、動かされているのか、やっぱり<u>言動の端々に出てくる</u>と思うんですね。」(M5)

　自分の考えで動いているのか、他者に動かされているのかは、発言や行動に現れると述べ、その発言や行動を対象として、若手社員の〈主体性〉を評価している。

　言うまでもないが、若手社員の〈主体性〉を評価するにあたり、〈主体性〉を測るペーパーテストをしたり、〈主体性〉を示す活動履歴を提出させたり、〈主体性〉評価のための面接試験を行うということはなされていない。社員の〈主体性〉の有無について、管理職者は、社員の日常の発言や行動という外化されたものを対象として判断している。

　企業が求める〈主体性〉は、「自分なりに考える」、「発信する」、「仕事に関して協働する」を内包することを第2章で示した。若手社員の〈主体性〉がどのような観点から評価されているのかを含め、企業における〈主体性〉評価について検討していこう。

(2) 発言や行動を対象とする〈主体性〉評価

　管理職者は、若手社員の〈主体性〉を、日常の発言や行動によって判断するが、具体的にはどのような発言や行動が、〈主体性〉の有無の指標とされるのだろうか。

自分で考えるのか／他者に考えさせるのか

　管理職者らは、若手社員の発言から、彼ら／彼女らが「自分なりに考えているのか」、もしくは「他者に考えさせようとするのか」を判断し、それによって〈主体性〉の有無を評価している。特に、自分なりに考えていないことを

134

表す指標として、「どうしましょう」という発言が用いられており、その発言がなされることで、当該社員に〈主体性〉が無いと判断していることが複数の管理職者から語られた。

> 「やっぱり主体性が無い子ってどちらかというと、「じゃあ次どうしましょう」みたいな、あまり自分で考えずに、いま自分がやってることに対しても疑問を持たずに来てるのか、発言するというのか、接して来られるのかなっていう気はします。簡単で「この仕事を次どうする」って聞いた時に、「どうしましょう」って言う子と、「こうしたいと思います」って出てくるかが全てだと思います。」(I8)

> 「だから一緒に考えなきゃいけないとすると、まっさらの状態で来られてもね。議論にならないっていうか。(中略)主体性の無い子は、全部、だから、聞いてくるんですよね。「こういうことが起きてます。どうしましょうか」」(M3)

「どうしましょう」という発言は、自分で考えていないことの表れである。仕事がある程度進んだときに、社員から、「どうしましょう」という言葉が発せられるのは、自分が考えるのではなく、上司に考えさせようとしているのである。自分で考えていないことを示す発言がなされることによって、〈主体性〉が無いと評価される。

また、〈主体性〉の有無は、スケジュール感の有無によっても判断される。この「スケジュール感」とは、自分なりに先のスケジュールを考えて仕事をしているかどうかを判断するものであり、「自分なりに考える」ことと結びつく。このスケジュール感は、日常の会話のなかで、仕事が進んだときの発言からわかるとされた。

> 「(主体性の有無による違いは)スケジュール感とかは違いますよね。自分できちんと責任をもって、先にこういうことをやっていこう、っていう

　準備とかそこら辺は明らかに違うような気がしますね。うちはもう、個人、個人、任されてますよね。スケジュール管理と言うか、先を見て、こういう課題にぶつかるよっていうのを先に伝えてあげるような、今これをしとかないと、そのタイミングでそういう取り組みをして間に合わないよっていうことを。（中略）でも、やっぱりこう、その上で主体性を持ってる人は、そこまで言わなくても先にわかってて、先行った後に、会話の中でパッと出てくるんですよね。」(I7)

　若手社員が、自分の仕事に関して、自分なりに先のスケジュールを考えている発言をすることは、「自分なりに考える」ことが外化されたものと評価される。この「スケジュール感」については、管理職者から社員に対して、明示的にスケジュールを確認する問いかけが行われているのではなく、日常会話のなかの社員の発言によって評価されている。次のI12は、〈主体性〉が無い社員は、先のことを考えておらず、スケジュール感が無いとした。

　「相談があるんですけどとか、主体的で無い子も言ってくるけど、明日出すとか、スケジュールがすごい近いの。それが最後ハンコが必要みたいなところで来るの、そんなところで来るの。」(I12)

　〈主体性〉が無い若手社員は、締め切り間際に、つまり、逃れることのできない状況になってようやく相談に来るという。このような行動は、若手社員が自分なりに先のスケジュールを考えていないことの表れであり、締め切りという外的状況に動かされていると評価される。このように若手社員から管理職者への相談ごとが、仕事の締め切り間際に持ち込まれることは、その相談内容について十分な吟味や改善を行う時間が取れないことを意味し、その結果、仕事成果（アウトプット）の向上にはつながらないことも必定であろう。
　次のI10は、発言ではなく、若手社員が管理職者に示す仕事の成果（アウトプット）を見ることで、「自分なりに考えたのか」、「自分では考えずに、言われたことをやっているだけなのか」を判断していると語った。

「主体的だなって思うメンバーは、なんとなく自分で答えを出そうとしている。あがいてるって言うか、綺麗じゃなくても「考えてきました」みたいな回答を持ってくる傾向がある。そうじゃないメンバーは、聞いてないんで、みたいな、それは言われてない、みたいなマイナスなフレーズをやっぱりするなっていう印象がある。」(I10)

「(アウトプットが違う?)そうですね。「言われたものをやったんだなー」って。その「こちらが求めるものではない」という感じですね。考えてないので。」(I10)

　管理職者は、仕事の成果(アウトプット)を見ることで、「自分なりに考えている」のか、それとも、言われたことだけに終始しているのかを評価している。また、若手社員なりの考えが含まれないアウトプットについては、「こちらが求めるものではない」と述べており、他者から言われたことだけ、つまり、他者が考えた範囲内の対応をしただけでは、管理職者は〈主体性〉がある仕事としては評価していない。

　このように、社員の発言や、言動に現れるスケジュール感、仕事の成果(アウトプット)という外化されたものを対象として、〈主体性〉に含まれる「自分なりに考える」ことが評価されているのである。

自分なりに考えたことを発信しているか

　第2章で示したように、「自分なりに考える」ことは必ず「発信する」ことが求められる。次のM4は、上司から問われることなしに、自らの考えを発信する行為を、〈主体性〉の高さとして評価している。

「言われてないのに、僕こういうのが必要だと思いますって言うのは、すごい主体性が高いと思う。」(M4)

「言われてないのに」は、他者から指示されずとも、自分の考えを発信することを意味する。また、M4 は、仕事に関わる知識・技術の習得希望について、「発信する」ことについて、次のように語った。

> 「何かの学会に行きたい、僕はこれが知りたいので行きたいと<u>自分で言ってくる人は主体性がある</u>と思うし、研修もそうですね。こういう通信講座を受けてみたいんだけど、何とかの教室にいってみたいんだけど、って<u>言ってきてくれる</u>と、ちゃんと考えてんだね、とか。」(M4)

仕事に関わる知識・技術の習得について、自分なりに考え、上司に「発信する」という行動を取ることも、先のことを考えていることの表出とされ、〈主体性〉があると評価される。もし、自分なりに何か考えていたとしても、「発信する」ことがなければ、〈主体性〉としては評価されないのである。

仕事に関して協働し、リアリティのある情報を探索しているか

では、「仕事に関して協働する」はどのように評価されるのだろうか。M4 は、仕事に関する他者との協働について次のように語った。

> 「上司に言う前に、当たりづけみたいなのをしてる子もいるんですよね。<u>そういうときは横のつながりとか使って、やれてる子は主体性がある</u>と思う。調べるだけじゃなくて、<u>隣にいる誰かに聞く</u>とか、もっというと、<u>よその部署までいって聞いてきちゃう</u>とか、割と正しそうだと思ったときに、こういうテーマをやりたいんですけど、って上司に言ってくる。それは順番は別にどっちでもいいんですけど。最初に言ってきて、「いいんじゃない」とかでもいいんだけど、どっちにしても言ってくる。ヨコも、上も。」(M4)

この発言には、2 つの協働の形式が含まれている。ひとつは、仕事に関わるリアリティのある情報を、同部門、もしくは他部門の社員 (ヨコ方向の他者)

138

の協力を得て、探索することである。もうひとつは、自分が考えたこと、も
しくは自分が仕事で取り組みたいことを、上司（タテ方向の他者）に対して発
信し、上司の了承やアドバイスを得ることである。これは、上司に対して、
自分なりの考えを発信することで、上司と協働し、上司から仕事に関する判
断を引き出しているとみることができる。

　「仕事に関して協働する」ことには、仕事に関わるリアリティのある情報
を探索し、情報や判断を引き出すことも含まれる。また、上述の発言から、
管理職者は、若手社員が「よその部署」で情報を得たことを把握しているこ
とがわかるが、これは当該社員との会話によって、彼／彼女がどのような情
報探索行動を行ったのかを類推、もしくは確認したものと考えられる。

　次のI9も、仕事に関わる他者から、仕事に関してリアリティのある情報
を集めることが求められているとした。

　　「若手の子たちは、別にあなた一人で完璧ということではないので、い
　　ろんな意見を聞いたりとか、上司だったり、隣の担当者だったりとか（筆
　　者追記：情報を）集めて、自分なりに咀嚼して形を作りあげるのがミッショ
　　ンかなと思うんで。逆に中堅くらいになると、ある程度仕事にも慣れて
　　きて、自分でやる範囲だとこのぐらい出来たところで、誰に聞けばわか
　　るようになる。で、コーディネートできるようになってくるのが、中堅
　　では役割なのかなと思います。」(I9)

　上司を含む、タテ方向やヨコ方向の他者から、リアリティのある情報を集
めて、「自分なりに考えて」仕事を進めることが、若手社員の〈主体性〉の評
価の対象となる。次のI12は、〈主体性〉のある若手社員が上司と協働しよう
とする様子について語った。

　　「(主体性のある人は)こうやってやりたいんだけど、方向性あってます
　　か？とか、いいんじゃないのって。」(I12)

　自分で考えたことに基づいて、仕事に関して上司の判断を引き出し、協働しようとすることは、〈主体性〉の表れと評価される。では、前述した〈主体性〉の無さとして捉えられる「どうしましょう」という発言と、この「方向性あってますか」という発言は、何が違うのだろうか。〈主体性〉の無さとして捉えられる前者は、自分で考えること無しに、上司に考えることをゆだね、指示を待っている発言である。他方、後者は、自分なりに考えた上で、上司に発信しており、「自分が考えた仕事の方向性の確認」のために、上司の判断や協働を引き出している。

　若手社員の〈主体性〉は、発言や行動、また言動に現れる仕事のスケジュール感、仕事の成果（アウトプット）などの外化されたものを対象として、「自分なりに考え」ているかどうかが評価されている。また、上司や、同部門・他部門の社員（タテ方向やヨコ方向の他者）から、仕事に関するリアリティのある情報を引き出し、協働しようとしているのかによって、「仕事に関して協働する」ことが評価されている。
　企業における〈主体性〉の評価は、「自分なりに考える」ことが外化された発言や行動などを対象として行われており、先行研究の検討で示した従来の仕事評価と同様に、日々の仕事ぶりを上司が観察することで評価されている（濱口　2013）といえよう。

安定的な〈主体性〉評価
　その〈主体性〉の評価について、管理職者は、評価のブレや、管理職者間の評価のズレを感じているのであろうか。次の I10 は、自分の若手社員への〈主体性〉評価はあまりぶれないと語った。

　　「（主体性の違いはいつからわかるか）早い段階ですね。多分、大学をでて新
　　人の時に、この子は主体的に動くか、動かないか大体わかるんですね。
　　面接して会話をする中で、それは維持できているんで。」(I10)

I10 は、〈主体性〉の評価は、ある程度安定的であると認識している。次の
M4 は、若手社員の〈主体性〉の有無が、複数の管理職者に同じように評価さ
れ、共有されているとした。再掲となるが改めて示す。

　「（主体性と昇進について）そのあと 34 とか 5（筆者追記:歳）くらいでリーダー
　職みたいなのになる時に差がつきます。でも本当はもっと前に、みんな
　（筆者注：管理職者ら）には見極められちゃってる。」(M4)

　若手社員の〈主体性〉は、外化された発言や行動などを対象とするため、
複数の管理職者から評価可能になり、その〈主体性〉は、複数の管理職者間
でそれほどずれることなく評価されているという。石田 (2003) は、仕事の評
価は客観的科学ではなく、管理職者らの納得（＝合意）に根拠づけられている
としたが、若手社員の〈主体性〉評価も同様に、管理職者らの納得や合意に
基づいている。〈主体性〉は、日常的に、複数の管理職者によって評価され
ることで、従来の仕事の評価と同様に、大きくずれることなく、ある程度安
定的に行われているといえよう。
　では、管理職者らは、日常的に〈主体性〉を評価するだけでなく、職場内
教育(OJT)によって、若手社員の〈主体性〉を育成しようとしているのだろうか。

2. 企業における〈主体性〉育成の様相

　企業では、企業が求める〈主体性〉を育成しているのだろうか。その分析
の前に、社員育成に関わる職場内教育 (OJT) について簡単に確認しておこ
う。一般的に OJT (on-the-job training) とは、職場で、上司や先輩の指導を受け
ながら実際に仕事をし、知識や技術を身につけることをいう[1]。OJT は仕事の
経験として広く捉えられることもあるが、小池 (2005) は、企業内の異動も含
め、長期に経験する関連の深い仕事群を社員のキャリアとし、それを OJT
として捉えている。また日本の企業教育では、入社後の基礎研修などを除け
ば、圧倒的に OJT 中心であるとされる (濱口　2013)。OJT 以外には、職場を

離れた集合研修などによる教育 (職場外教育：Off-JT) も行われている[2]。

　このように企業では広く OJT が行われていることを前提として、社員の〈主体性〉はどのように育成されているのか、次の手順で分析していきたい。

1.　企業において、〈主体性〉のような資質・能力は育成対象と考えられているのか、経団連が実施した企業アンケートによって確認する。

2.　すでに〈主体性〉を獲得していると考えられる管理職者自身は、どのようにして〈主体性〉を獲得してきたのか、管理職者の語りから分析する (旧来の主体性育成の検討)。

3.　近年、企業ではどのようにして若手社員の〈主体性〉を育成しているのか、管理職者の〈主体性〉育成に関する語りから分析する (近年の主体性育成の検討)。

　では、まず、企業において、〈主体性〉のような資質・能力は育成対象として考えられているのかについて見てみよう。

(1) 社内教育で行われる〈主体性〉育成

　近年、企業は、企業規模や業種に関わらず、〈主体性〉をより求めていることを、第1章で示した。では、企業は、大学などの教育機関に、〈主体性〉育成を求めているだけなのだろうか。それとも、社内でも社員の〈主体性〉育成を行おうとしているのだろうか。ここでは、経団連が実施した企業を対象としたアンケート調査を用いて確認しよう。

　『高等教育に関するアンケート結果』(経団連　2018a) では、企業が学生に求める資質・能力の上位3位、つまり「主体性」、「実行力」、「課題設定・解決能力」を対象として、新卒者の入社直後の修得状況を調べている[3]。このアンケートの回答者は、経団連会員企業および経団連非会員企業である[4]。「主体性」をみると、文系、理系とも、「すぐに仕事に対応できるレベル」は11％程度に留まり、81％は「社内教育をすれば仕事に対応できるレベル」であり、「抜本的な教育が必要なレベル」とされる新入社員も8％程度あった (**図表4-1**)[5]。「社内教育をすれば仕事に対応できる」という選択肢が設けられていることから、社内教育によって若手社員の〈主体性〉が育成できると考えられていること

142

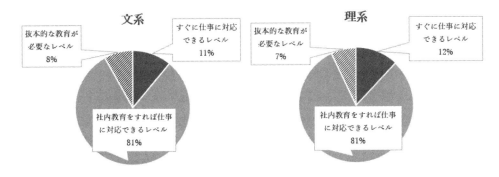

図表 4-1　入社直後の〈主体性〉の修得状況（文系・理系）
出典：経団連, 2018a,『高等教育に関するアンケート結果』より作成

がわかる。また、このアンケート調査では、「抜本的な教育が必要なレベル」の学生を採用した理由についても調べており、「その他の重視する資質・能力等が十分だと判断したため」という回答が多いが（約37%）、「入社後に教育すればよいから」も約25%にのぼる。仕事で必要とされる〈主体性〉は、社内教育によって育成できると認識されていることは明らかである。このことから、若手社員の〈主体性〉の育成は、社内教育で行われるものとされており、職場内教育（OJT）を担う管理職者の業務のひとつに〈主体性〉育成があるといえよう。

　では、管理職者は、どのようにして若手社員の〈主体性〉を育成しようとしているのだろうか。それを検討する前に、旧来、企業において〈主体性〉はどのように育成されてきたのか、管理職者自身の経験から検討する。これを管理職者側から述べるならば、管理職者自身は、どのようにして企業が求める〈主体性〉を獲得してきたのか、ということになる。

(2) 主体的にならざるを得ない場に置かれること

　現在、企業が求める〈主体性〉を獲得している管理職者自身は、どのようにして〈主体性〉を獲得してきたのだろうか。管理職者らが若手社員であったのは1980年代から1990年代であり、この分析では、旧来（1980年代から1990年代）、企業において若手社員の〈主体性〉育成がどのようにして行われ

ていたのか、について示すことになる。

　現在の管理職者らは、前項のアンケートでいう「すぐに仕事に対応できる
レベル」の〈主体性〉を、入社直後から持っていたということも十分考えられ
るため、その点についても確認しながら、旧来の企業における〈主体性〉の
育成について分析を行う。

主体的ではなかった管理職者
　現在は〈主体性〉を持って仕事をしていると自認している管理職者らは、
若手社員の頃から主体的だったのだろうか、それともそれほど主体的では無
かったのだろうか。

　管理職者らに、「自分自身が若手社員のときは主体的だったか」と問うた
ところ、若手社員の頃には〈主体性〉は無かったと述べた。

　「そんなに今の若い人とかわらなかったと思うんですよ。主体性もそん
　なになかったんじゃないですかね。（中略）最初はもうすごく主体性がな
　かったと思います。」(R15)

　「(自分が若手のとき主体的だったか)ぼやっとしてたからな。そんなに。」
　(M4)

　「そんなに主体的ではなかったと思うんで」(F16)

　「(自分が若手のとき主体的だったか)主体的にできなかった。」(I13)

　「(自分が若手のとき主体的だったか)最初の10年間はないです。」(M2)

　自分が若手社員であった頃のことを振りかえってもらうと、〈主体性〉は
無かったという者がほとんどである。今の若手社員と変わらないと述べた者
もいる。上記のM2は、会社に入ってから10年後に、ようやく主体的になっ

たとした。次の M1、I13 は、ともに「主体的だった」とは言うものの、その
あとすぐに「できなかった」、「言われたことはやる」と述べた。

> 「（自分が若手のとき主体的だったか）主体的だったかな、興味のあることに
> は。仕事もプライベートも、のつもりでいますけどね。<u>できなかったん
> だろうなあと思いますけどね。</u>」(M1)

> 「主体的は主体的だったと思うよ。思うけど。<u>言われたことはやるって
> タイプ</u>かな。」(I12)

　「主体的だった」と言いながらも、そのあとすぐに、主体的に仕事を進め
られなかったと語っており、実際は、それほど主体的ではなかったものと思
われる。他方、入社時から主体的だったと言い切ったのは、次の R20 だけ
であった。R20 は、自分の主体的な言動が、社内で、ある種の軋轢を生んで
いたと語り、その軋轢の発生についても意識的であった。

> 「（自分が若手のとき主体的だったか）ありました。（中略）一番嫌な奴だった
> と思いますよ。先輩方からしたら敵ですよ。中小企業の敵。煙たがられ
> るような、むかつくやつですよ。」(R20)

　R20 は、先輩や中小企業の敵であったと周りの人々との軋轢を語りながら
も、そのような軋轢も意に介しない性格であることを自認していた。次の発
言からもそれがうかがえる。

> 「新人と若手で、この会社の運営おかしいからって言って、当時の専務
> の人のとこに直訴しに行って、入社してすぐ 3 ヶ月ぐらい。（中略）それ
> は主体性と言うか、僕はそういうの好きだな。そういう意味では、同じ
> ようなことをやってますよ。」(R20)

　R20 は、会社の運営方針について役員に直訴するという行動を取っており、その行動が他者からよく思われないと認識しつつも、それほど意に介していなかった。それが自分の性格であると認識し、またそのような行動を肯定的に捉えていた。技術職である R20 は、周りとの軋轢をあまり気にすることなく、仕事を進めることができたものと思われる。

　管理職者のなかで、若手社員のときから主体的であったと言い切ったのは、この R20 のみであった。では R20 以外の管理職者たちは、どのようにして〈主体性〉を獲得してきたのだろうか。

主体的にならざるを得ない場に置かれること

　今現在、主体的に仕事をしている管理職者は、どのような社内教育によって〈主体性〉を獲得してきたのだろうか。管理職者たちは異口同音に、主体的にならざるを得ない場に置かれたことを語った。

　「(主体性はあったか) 多分なかったんですよね。私はきっと。多分この頃言ってる「主体的」っていうキャラでは無かったかな、と思います。ただ、最初に私入ったのが教育の部署なんですよ。ちょっと異色で。そこでちょっと<u>強制的に変えられたと言うか</u>。まず新入社員を教える側に回ったんで、「人に言うからには (筆者追記：自分ができなければいけない)」みたいなところがあって。その技術もそうだけど、そういうことに対しては<u>先を走らなきゃいけない感が強制的に作られた</u>。(中略) 苦労しましたね、苦労はしたと思いますね、きっと。その後に移った部署で、<u>結構一人で、例えば地方に行って仕事してこなきゃいけないとか</u>、そこでクローズ (筆者注：問題解決) させなきゃいけないという状況が結構多かったので。<u>他にやれる人がいない領域を結構やって</u>たんで、自分で調べて、その技術を持ってることが自分の価値というですね、そういったところも若手時代はあったかもしれない。」(I10)

　入社時には〈主体性〉は無かったものの、配属された部門 (教育部門) で、新

146

入社員を教えなければいけない立場に置かれたことで、「先を走らなきゃい
けない感」、つまり自分でやらざるをえない意識が強制的に作られたと言う。
その後も、他者にサポートを乞うことができない状況に置かれ、自分しかで
きない業務を担当したことで、主体的になったという。「自分で考えて、主
体的に何かをやりたい」のではなく、自分でやらざるを得ない状況に置かれ
たことで、〈主体性〉を持つように変えられたのである。
　次の M1 は、学校教育では答えが示されていたものの、会社では答えが示
されることがなく、それが自身の〈主体性〉獲得につながったとした。

　「会社に入って一番驚いたのは、あ、答えが無いんだって。だいたいあの、
　受験でそこそこ成功してきた人間って、教科書に書いてあること、答え
　があることにいかに早く到達するかじゃないですか。だけど仕事ってそ
　んなものじゃないじゃないですか。いかようにでもやりようはあるしね。
　だから何したいのっていうことになるんでしょうけど。」(M1)

　会社では、学校のように答えが示されなかったことへの驚きについて述べ
ており、大学から企業へのトランジション後に、仕事では「いかようにもや
りようがある」こと、つまり自分なりに考えて進めることができると認識す
るようになった。それは次の語りでも見受けられる。

　「それが一番僕も入った時に、ものすごいショックだったんですけど。
　すごいポーンと広いところに、草原の真ん中に放り出されたみたいで、
　それははじめ戸惑ったけど、それに気づいたら非常に楽しいと思うよう
　になったんですけど。(中略)さっき言ったように答えがある世界にしか
　いなかったのが、答えがない世界に行ってもう全然わかんなかったです
　よね。右も左も何していいか、ほったらかし状態だし。教科書がなかっ
　たから、こうしろっていう教科書がなかったんで、自分でどっちに行く
　かを見るしかない、探すしかないんですよね。」(M1)

このように会社に入ったときの、ショックについて語っている。「草原の
真ん中に放り出された」、「ほったらかし状態」という発言からは、職場内教
育 (OJT) で、仕事を教える先輩や上司もおらず、そのために自分自身で進む
方向を探さざるを得なかったことがわかる。また、そのなかで仕事の楽しさ
を見つけたともいう。M1 は、生産管理部門に属しているが、新人としての
業務がどのようなものだったのか確認しておく。

「例えば一番初めに会社に入ってやったことって (中略)、(筆者追記：販売
計画にあわせて) 生産計画を作るんですよね。生産計画をどういうロジッ
クで作ったらいいのかっていうの、僕が会社入った時は、みんな工場の
主任さんみたいな人が、エイヤと言うか、個人の感覚で作ってたんです
けど。ちょっと僕が入った時に、バラバラだった部門が一つにまとまっ
たんですよ。一つにまとまった時に 配属されたんで、全体をまとめて
生産計画を作るってのははじめてだったんですよね。だからそれをどう
いう風に作るんだっていうのを、自分なりに考えて、色々調べて確率論
とか在庫理論とか調べてやったんですけど。自分の好きなやりたい方向
に持って行くっていうんですかね。」(M1)

ここで語られたのは、複数部門がひとつに再編されたタイミングで配属さ
れたため、新規部門で、前例のない、新しい仕事を担当したことである。新
しい組織の、新しい業務においては、OJT で教育をする者も、業務の前任者
もいない。そのような中で自分なりに考えて仕事を進めたと述べた。この
M1 も、自分なりにやらざるを得ない場に置かれることで、〈主体性〉を獲得
していた。
　次の I8 は、営業部門の管理職者であるが、新しい仕事を担当したため、
主体的にやらなければならなかったという。

「僕はずっと営業やってまして、ずっと教育の市場で、営業させてもらっ
てるんですけど、結構、先輩方がやってなかったことと言うか、が多かっ

　たので、まあそういう意味では、<u>主体的にやらなければやれなかった</u>、っていうところが強いかと思います。逆に<u>先輩方に、ああしろ、こうしろって、教えて貰ってない</u>っていうことが少しあるんですけども、だから教えるの難しいなって今になって思うんですけれども、まあそういう意味で<u>主体的にならざるを得なかった</u>という。<u>いろんな部署の人たちと、今自分がやろうとしていることに対して、やってもらえる人との付き合いを通してやってもらう</u>。<u>やらざるを得なかった</u>っていうのが強いと思います。」(I8)

　「主体的にやらなければやれなかった」、「やらざるを得なかった」と何度も発言している。「主体的に仕事をしたい」と思っていたわけではなく、OJTで指導してくれる先輩もおらず、前任者が手をつけていない仕事も多かったため、主体的にやらざるを得なかったのである。また、指導する上司や先輩(タテ方向の他者)がいないために、他部署の社員というヨコ方向の人々の協力を得て、仕事を進めたという。主体的にやらざるを得ない場に置かれたことで、「自分なりに考える」、「発信する」、「仕事に関して協働する」という〈主体性〉を獲得したといえよう。

　次の I7 は、前任者が転勤でいなくなったあとに、その担当を任されたという。

　「<u>配属された時に、前任者が転勤をして、そこにあなたこの担当ね、っていう感じでやらされた</u>ところがあって、<u>ただほとんどできてないとこだったので、なんか何でもやって良い</u>というとこだったので、<u>主体的には、やってました</u>ね。あとまぁちょうどバブルの時なんですけど、やっぱり細かい仕事がいっぱい多くて、めんどくさいなっていうのが正直あったんだけど、なんかこうこれをもっと<u>効率的にできないか</u>、とかそんなことを考えてやっているうちに結構楽しくなって、(中略)<u>前例が無い</u>んで、自分の中の成果に繋がって行くし、少しずつ数字、営業ですね、販売の数字が<u>上がっていく</u>っていうのは実感してましたので、その点で

は楽しくできましたね。そうですね。<u>やるしかない</u>、そういう感じですね。」(I7)

　前任者が転勤したあとに配属されたため、前任者からOJTで指導されることはなく、I7も「やらされた」、「やるしかない」と述べていた。やはり、主体的にやらざるをえない場に置かれることで、主体的に自分で考えて仕事を進め、それによって仕事が楽しくなり、仕事の成果にもつながっている様子がうかがえる。
　次のR15は、主体的になった契機は、指導してくれる先輩社員もいない環境で、大きな失敗をしたことだと述べた。

　「最初はもうすごく主体性がなかったと思います。(中略) 私が良かったのは、赤字の営業所に配属されたんです。新人でただ一人、赤字の営業所だから、人数も少ないんですよ。<u>私だけ教育担当いないんですよ</u>。いきなり担当の得意先を渡されてたんですよね。(中略) 少しぐらい値引きしてもいいんだろうと思って、値引きしたんですね。<u>それが大変なことになっちゃって</u>、チラシに出ちゃって、とんでもない値段で売られたわけですよ。その会社では伝説で通っちゃってるんですけど、そのぐらいわかんない状態で、まず<u>自分がとにかく考えてやらないことには、とんでもないことが起きちゃうってことがわかったんですね。それからだんだん、主体性と言うか、自分で考えてやらないことには、とにかく仕事がうまくいかない</u>。仕事がうまくいかなければ、自分の希望も通らないっていう、そういう理屈の中でだんだんだんだんこう<u>主体性が増えていって</u>」(R15)

　これは既存部門への配属であるが、OJTで仕事を教えてくれる教育担当者もいない状況で、いきなり担当の得意先を割り当てられた。そして、仕事で大きな失敗をしたことで、「自分がとにかく考えて」やらなければいけないと認識し、主体的に考えるようになったという。R15は、「当時は、会社辞

150

めるなんていう選択肢はなかったんですよね。(R15)」とも述べていたが、希望しない仕事であっても、会社を辞めることもできず、仕事をやらざるを得ないなかで、〈主体性〉を獲得してきたのである。

このように入社後すぐ、新人社員のときに「主体的にならざるを得ない場」に置かれた管理職者は少なくないが、中堅社員になってから「主体的にならざるを得ない場」を経験した者もいる。次の研究職のM4は、若手社員のときは「ぼやっとしてた」と語っていたが、主体的になった転機は、中堅社員になり、何をしてもよい場に置かれたことであったという。

> 「33歳くらいのときにずっとやっていたカテゴリから、(中略)いきなりなんか何やってもいいよ、みたいな、そのエリアのことだったら何やってもいいみたいなざっくりしたお題の振られ方をした時に、それまでちょっとやりたいと思っていた仕事を、じゃあそれだったら私これやりたいと言ってたやつが、それがうまく進んで、研究発表会で発表させてもらったりとか、それは本当に転機だったかもしれない。それまでは、来るプロジェクトをやってたんだけど、ポーンと放り出された時に、やりたいと思ったものが、本当にいろんな先輩などに相談しながらやれて。」(M4)

M4は、30歳を過ぎて突然、何をしてもよい場に「ポーンと放り出された」という。仕事に関して指示をする者がいない場に置かれたことを契機に、自分が考えたプロジェクトを進めたという。そのプロジェクトの進め方について、「本当にいろんな先輩などに相談しながら」と述べているように、仕事に関して直接、指示や教育をする者はいないものの、ヨコ方向の他者と協働しながら成果に結びつけ、〈主体性〉を獲得していた。

次のM2は、自ら希望して新規事業部門に異動し、そこで〈主体性〉を獲得したという。異動前の開発部門での仕事は、「決められたことを、効率的に行う」ことであり、そこでの業務について次のように語った。

「（自分が若手のとき主体的だったか）最初の 10 年間はないです。開発部門は、大勢でひとつの A（筆者注：機器名、以下同様）を、コマのようにというんですかね、私はある A の 20K（筆者注：プログラムの大きさ）ぐらいのプログラムが担当だったけど、バグの確率を抑えるように、着実にやるみたいな感じだったので、自分がそれをちゃんと問題なくやるためには、2 回間違いがないようにするには、自分の改善とか業務の改善とかはやってたんですけど。今言われるみたいな、<u>今私たちが若者たちに「主体性を持って」っていうようなどちらかと言うと、どういう打ち手をしていくか、みたいなことを考えることは、当時そんなことはいらなくって。</u>（中略）この精度はこれ、みたいな感じで。そこもつつがなく、絶対間違わないで、なるたけ早くすごく効率よく、ルーチンじゃないんだけどね。今までより早く、良いことしていくっていう。<u>今みたいな「主体性」っていうのは持ったことなかったですね。</u>」(M2)

　M2 は、入社して 10 年は、〈主体性〉はなかったという。プログラム開発という既存事業においては、業務改善は行うものの、新しく何をすべきなのか（「どういう打ち手をするか」）については考える必要はなかった。主体的になった契機は、自分から希望して、新規事業部門に異動したことであった。

「（主体的になったきっかけは）10 年後に、市場開発に行って。インターネットになったら、どういう事業ができるんでしょうかとか、P（筆者注：サービス名）の事業のコンサルやってみるとか、<u>わけわかんない、成功するかわかんないや、みたいなことをやってる部署を希望して、行かせてもらった</u>んだけど。（中略）今までのやり方とは全く違う仕事をしなきゃいけないし、勉強もしなきゃいけないし、そこから人とも話すようになったし。（中略）リスト見て G（筆者注：旅行会社名）行ってみようとかね、サービスの話聞かせてもらいに、なんて。（中略）（主体性は発揮できたか）<u>最初は下手くそだったけど、</u>（中略）楽しいと思えば自分の肥やしですからね。」(M2)

　30歳代になって「わけわかんない、成功するかわかんない」部署を希望して、異動したという。異動は自分の希望ではあったものの、やはりOJTで指導をしてくれる先輩社員がいない、前例の無い仕事をせざるを得ない部門に異動したことが、主体的に仕事をする契機となっていた。また、〈主体性〉発揮について、「最初は下手くそだった」と述べたが、前例の無い仕事をする中で、他企業の協力（ヨコ方向の他者の協力）を得ながら、〈主体性〉を獲得していた。

　入社時には主体的ではなかった管理職者らは、どのようにして〈主体性〉を獲得していったのか。管理職者の語りから導き出されるのは、「主体的にならざるを得ない場」に置かれることである。彼ら／彼女らは、〈主体性〉を持って仕事をしようと思っていたのではなく、主体的に仕事をせざるを得ない場に置かれることで、自ら〈主体性〉を獲得してきた。
　管理職者らの〈主体性〉獲得と、職場内教育（OJT）との関係について考えると、先輩や上司からのOJTによって〈主体性〉が育成されたのではなく、その分野についてOJTで教えられる先輩や上司がいないという、上位者からのサポートの欠如により、自分で考えざるを得ず、仕事を推進するために他部門や他企業の人々（ヨコ方向の他者）とも協働しながら、主体的に仕事をしてきたといえる。
　管理職者らが、〈主体性〉を持って仕事をしはじめた時期に着目すると、M1、I8、I7、R15などは、新入社員・若手社員の頃に「主体的にならざるを得ない場」に置かれていた。他方、M4、M2は、自身の希望の有無について違いはあるものの、30代以降、中堅社員になってから、「主体的にならざるを得ない場」に置かれていた。

(3) 仕事裁量を活用した〈主体性〉発揮のストラテジー
　入社時には主体的でなかった管理職者らは、「主体的にならざるを得ない場」に置かれることで、自ら〈主体性〉を獲得してきたことが示された。それ

以外に、〈主体性〉の獲得に関して語られたのは、仕事に関する知識や経験の必要性、また仕事裁量の活用であった。まず、〈主体性〉と知識、経験の関係について検討しよう。

〈主体性〉のための知識・経験の必要性

〈主体性〉を持って仕事を進めるためには、知識や経験が必要であることが語られた。

> 「(自分が若手のとき主体的だったか) 若いんだから仕方ないですよ。経験もないんだし。(中略) 逆に自分で面白いものを探してと言うか、面白い方に持って行こうとしてたって言うか。まあ 20、30 代ですよね。会社入った時には右も左もわかんないから。」(M1)

入社した時の「右も左もわからない」状態から脱するには、数年を要するとされ、仕事の場において〈主体性〉を持つためには、仕事に関するリアリティのある知識や経験が必要であることが示唆されている。次の M3 も、〈主体性〉を持つためには、数年の勤務経験が必要とした。M3 自身の新入社員の頃と、数年後との違いに関する語りを続けて示す。

> 「新人の頃は、主体性も何も、全部わかんないから、変な自己主張とかやってる暇はないので、必死ですよね。」(M3)

> 「(主体性を持つようになった理由) 3 年ぐらいかな。そうですね、そんな気がする。なんか自分でも疑問を持つことが出てきて、なんでだろうとか思って、働きかけるというのが出てくるかもしれないですね。」(M3)

新人社員の頃は、知識も経験もなく、仕事のこともわからず、〈主体性〉どころではなかったという。しかし、3 年程度の仕事の経験を積むなかで、知識を得て、疑問を持つようになり、自分から働きかける〈主体性〉が生ま

れたという。入社後、数年をかけて、仕事に関する知識や経験を積み重ねることではじめて、業務について自分なりに考えられるようになり、仕事に対する〈主体性〉を持つようになったのである。

次の R14 は、入社直後の苦労について語った。

「何かと言うと、しんどいじゃないですか仕事って。会社入って、<u>1 年、2 年て、失敗ばっかりするし、思い通りいかないし、言われたことをきちっとできないし</u>」(R14)

会社に入ってすぐは、上司や先輩に言われたことでさえもできなかったという。3 年程度、仕事の経験を積むことによって、他者から言われた以外のこと、つまり自分で考えたことに取り組めるようになるのである。

次に、30 代で新規事業部門に異動した M2 の知識、経験に関する語りを再掲する。

「今までのやり方とは全く違う仕事をしなきゃいけないし、勉強もしなきゃいけないし、そこから人とも話すようになったし。」(M2)

M2 は、同社の開発部門で 10 年以上の勤務経験があったものの、新しく担当した新規事業については知識も経験も無かったため、新しい知識を学び、経験を積むことで〈主体性〉を発揮した。

次の I13 は、担当する業務に関連する知識が無いと、〈主体性〉は発揮できないとした。これは若手社員に関する語りである。

「仕事が特殊なので、セキュリティ（筆者注：情報セキュリティのこと）ってわかりやすくて、それなりにやりたいって、（筆者追記：社員が）来るんで、やる気はあるけど、どうやったらいいかわかんないから、仕事ができないって感じかな。こんな仕事があるよ、って任せればやる子って感じなんで。言われたことはやるって感じかな、<u>周りに何があって、他</u>

にどういうことがあるかって気がつかないと、主体的にはできない。」
(I13)

　やる気があったとしても、担当業務に関する知識や経験がないと、主体的に仕事はできないという。知識を獲得し、経験を積むことで、自分なりに考えられるようになり、〈主体性〉が発揮できるようになることは、今の若手社員にも適用されるものと考えられる。

　ここまでみてきたように、管理職者らが、自身の経験から述べたのは、数年程度（3年程度）の時間をかけて、担当業務に関するリアリティのある知識を獲得し、経験を積むことで、仕事に関する〈主体性〉が発揮できることである。それ以外に、管理職者らは、〈主体性〉発揮のために、与えられた仕事裁量を用いていたことを語った。次にこれについて検討する。

〈主体性〉を支える面白く仕事をすること――仕事裁量の活用

　第3章において、〈主体性〉と仕事の面白さは分かちがたく結びつくことを示した。次のM3は、自分は何をすると面白いと思うのかに気づくことで、主体的に仕事をするようになったと述べた。

　　「(主体性を持つようになった理由) 年を取って。それはやっぱり、自分がこれやると面白いなって気づいてきて、そしたら自分の思いを持ってやるとかってなると主体性出るかもしれない。自分が好きだったり、ちょっと向いてるとか。そういうのありました。」(M3)

　仕事経験を積み重ねることで、「自分は何をすると面白いと思うのか」についてもメタ的に考えられるようになり[6]、それによって〈主体性〉が持てるようになるという。次のM4は、〈主体性〉について話すなかで、自分の好きなこと、面白いことに取り組んでいたと語った。

　　「私はT (筆者注：製品カテゴリのこと) が好きだったし、面白い、面白い

と思ってやれてたけど。でもなんだろう、空回りしてたのもあるかもしれないし、主体性？、私はでも自分に与えられたものは一生懸命やりたいという気持ちが強くて、だから考えるのも嫌いじゃなかったと思うんですけど。」（M4）

　自分が面白いと思える仕事に対して、自分なりに考えるという〈主体性〉を発揮していた。その M4 も、仕事の面白さに気づいたのちに、主体的になったことについて、次のように語った。

　「自分でテーマを作って、プランニングして、やってゴールまで行くっていうことがこんなに楽しいんだ、みたいなことは、すごいそこで感じて。降ってくる仕事もやりつつ、それからこういうのもやってみたいっていうようなことを、ちょいちょいやって。常に何割かは自分で考えたテーマをやって、（筆者追記：主体的になったのは）その時だと思います、33（筆者追記：歳）くらい。」（M4）

　自分で考えてテーマを作り、仕事を進めるという経験を通してはじめて、それが自分にとって楽しいことだと認識したという。自分が何をすれば楽しいのか、メタ的に認識したのちに、仕事に対して主体的になっていた。M4 は、指示された仕事（降ってくる仕事）とは別に、自分で考えたテーマにも取り組んでいると語ったが、与えられた仕事裁量のなかで、仕事と自分なりの面白さを結びつけ、主体的に仕事をしているのである。
　次の I13 は、すべての仕事に対して主体的だったとは言えないもの、自分が好きなことには、主体的に取り組んだという。

　「（自分が若手のとき主体的だったか）主体的にできなかった。それはあったけど主体的に動いている部分は、私は課題解決みたいなのがすごく好きだったから、業務改善とかそういうところのマインドは結構入社してからも持ってましたよ。システムの品質管理とかいうところで、データ分

析してるとか、ああいうのは<u>自分が好きだからやってたかな</u>。そういうのは今でも生きてるところはある。」(I13)

　I13 は、課題解決が好きだと自認しており、そのため業務改善などには主体的に取り組んでいた。「自分が好きだからやってた」と言う発言からは、与えられた仕事の裁量の中で、好きな仕事には積極的に取り組んでいたことが示唆される。次の M1 は、仕事の裁量を活用し、仕事を自分の好きな方向に進めたという。

　　「<u>自分の好きなやりたい方向に持って行く</u>って言うんですかね。それは26 歳ぐらい。(中略)どういうことでも課題があって制約があるんですけど。<u>どう解決させるのかって、本人の裁量に任されているでしょう</u>。<u>どんなことでも裁量はあるんで</u>。<u>逆に制約があるからこその面白みがある</u>んでしょう。制約と裁量の兼ね合いを、どう答えを出していくかっていう。」(M1)

　仕事では解決すべき課題が示されるとともに、仕事裁量も与えられていることに意識的である。その与えられた仕事裁量を利用して、自分にとって面白い、やりたい方向に進めることで、〈主体性〉を持って仕事をしていたという。
　序章の先行研究の検討でも示したように、ホワイトカラーには、多くの仕事裁量が与えられるとされる(中村・石田　2005)。管理職者らは、若手社員の頃から、与えられた仕事裁量を活用することで、仕事と自分なりの面白さを結びつけ、〈主体性〉を発揮していたのである。

(4) 多様なサポートによる〈主体性〉育成

　管理職者らは、「主体的にならざるを得ない場」に置かれることで、〈主体性〉を獲得してきたことが示された。では、管理職者らは、現在、どのようにして若手社員の〈主体性〉育成を行っているのだろうか。
　第2章では、企業が求める〈主体性〉は、「自分なりに考える」、「発信する」、

「仕事について協働する」を内包していることを示したが、このような〈主体性〉を、どのような取り組みによって育成しようとしているのか。管理職者の〈主体性〉育成の取り組みに関する発言から分析を行う。

自分で考えるよう問いかける

　管理職者らは、社員の〈主体性〉の育成は、研修のような Off-JT ではなく、主に仕事の現場において行われているとした。まず、その発言を見てみよう。

　　「企業の中で、「主体性をつける」というタイトルでの研修は無いかと思うんですけれども」(M21)

　　「主体性育成目的という研修やセミナーは、今まであまり経験したことはないかなと。（中略）やはり教室や教科書で学ぶというよりも、「現場で学んでいく」、あるいは「周りからそれを盗んでいく」。先輩を見て自分もそうなりたいとか、そういったところから生まれてきているのかなと思います。」(M23)

　〈主体性〉の育成は、研修などの Off-JT ではなく、主に仕事の現場において行われる。そして、時間やお金などの経営資源（リソース）をかけながら、若手社員の〈主体性〉育成を行っているのである。

　　「やはり事業の中で利益を生み出して維持するとか、あるいは拡大していくのが必要になるので、主体性のない人にも、時間とお金など、いろんなリソースをかけて育てるという、きれいごとでは済まないというところはあります。「主体性を伸ばしてあげる」というのと、「そういうのがない人から引き出してあげる」っていう、この 2 つを同時並行でやっていくのかなと思います。」(M23)

　様々な経営資源（リソース）を投入して、若手社員の〈主体性〉育成を行うの

は、若手社員の〈主体性〉が求められ、重視されているがゆえであろう。また、〈主体性〉がある若手社員に対しては、〈主体性〉をより伸ばそうとし、〈主体性〉が無い社員に対しては引き出そうとしているというように、それぞれの社員に合った〈主体性〉育成を志向している。

　では、管理職者は、どのようにして〈主体性〉（「自分なりに考える」、「発信する」、「仕事に関して協働する」）を育成しようとしているのであろうか。

　まず、〈主体性〉に含まれる「自分なりに考える」について、管理職者は、どのように育成しようとしているのか。次の I11、M1 は、日常的な会話のなかで、若手社員に自分なりに考えるよう促していた。

　　「2 年経って来た時にわかるのは、大体「どうしたらいいですか？」って聞いてくる。基本的に考えて欲しいので、私は「どうしたらいいですか」って言われたら、「どうしたいの？」ですぐ返すようなかんじで。」(I11)

　前節でも示したように、「どうしましょう」や「どうしたらいいですか」は、〈主体性〉の無さの指標とされる。管理職者は若手社員のそのような発言に対して、「どうしたいの？」とすぐに返している。ここで着目されるのは、「どうすればいいか？」という一般的な質問ではなく、「（あなたは）どうしたいの？」という、若手社員自身の考えや希望を引き出す質問として投げ返していることである。「自分がどうしたいのか」を考えさせることで、自分なりに考えるよう促している。次の M1 も同様の質問をしていた。

　　「（筆者追記：若手社員が）「これが答えです」って言うけど、「で、お前どうしたいの？」って聞いたら、「えっ」っていう顔をするから。「それがどういうことですか」って、「僕が何したいかって」。そんな質問をされたことがないから驚きなんです。」(M1)

　「お前どうしたいの？」と明示的に相手に問い直しており、若手社員の考えや希望を引き出そうとしている。また、「自分なりに考える」ことを促す

とともに、上司に対して「自分なりに考え」たことを「発信」させようとしている。

次の M22 は、〈主体性〉を発揮するためには、「考えること」が重要だと述べた。この発言は、「どのようにすれば〈主体性〉が発揮できるか」という質問に対してなされたものである。

> 「普段の自分の研究や勉強の中で、「何でだろう？」とか、「どうしてこうなっているんだろう？」みたいなことを「ほっとかない」っていうことかと思います。そのためには「好奇心は持ち続ける」必要があるかもしれませんし「知りたいって思う」ことは必要かと思います。あとは、「もし同じことがもう一回起きたら、つぎ自分はどう行動しようかな？」とか考えることですかね。「引っ掛かっていることを無視しない」ということだと思います。」(M22)

日常的に、考える訓練をすることが、〈主体性〉(「自分なりに考える」)につながるという。〈主体性〉の発揮のためには、自分なりに考えることが必要であり、そのために、管理職者らは、自分で考えるよう若手社員に問いかけているのである。

仕事や事業に関する情報を提供する

管理職者らは、若手社員の〈主体性〉を育成するために、社員が関わる事業の情報、また、仕事に関する情報を提供していた。若手社員の〈主体性〉を引き出すために、事業の目的を共有しているという語りもあった。

> 「主体性を引き出すためにどんなことをしているか、(中略)ある与えられた細分化された業務やタスクをしてくださいと言われるだけだと、やはり意味づけとか、先ほどご紹介した自分の価値観とのオーバーラップの有無を見つけづらいと思うので、単に目標を与えるだけではなくて、その「事業の目的」や、「全体像から見てそれが何なのか」というところ

をしっかりと共有した上で、業務に臨んでもらうということを意識しています。」(M23)

　若手社員に、担当業務の目的や意味を理解してもらうために、さらに大きな事業目的や、業務の位置づけを共有しようとしている。それぞれの若手社員が、自らの仕事経験を通して、担当業務の位置づけや、仕事の背後にある仕組みなどの知識を獲得するのを待つのではなく、管理職者らが情報を与え、教えている。この業務に関わる情報提供について、〈主体性〉の「自分なりに考える」ことと関連させて考えると、業務目的もわからない「他人ごと」にしておくのではなく、知識を与えて「自分ごと」にするよう働きかけているといえるだろう。次の I24 は、主体性育成の取り組み例として、「企業の目的」の共有をあげた。

　　「第一に「企業の目的」「この企業はこれからどっちの方向に変わろうとしているのか」をできるだけ社内で共有する。それから、社長や経営者と何千人の社員の間にはやっぱり距離感があるので、ランチタイムミーティングで役員と何人かの社員でお昼ご飯食べながらいろいろ雑談をしたり、社長が現場を回ったりしています。」(I24)

　「事業の目的」に留まらず、さらに大きな「企業の目的」、「今後の方向性」も共有しようとしている。これも管理職者や経営層から、社員に向けての情報提供である。
　次の M3 は、仕事に関する情報不足が、業務に与える悪影響について、次のように語った。

　　「入ってくる情報も、若いと私たちとは違うじゃないですか。「変えなくてはいけない」っていう課題を形成するための情報の与え方が、不足してるかもしれないんだけど、(筆者追記：若手社員は)自分たちでの課題形成になかなか出来なくて、もう我慢できなくて、こっちでやっちゃう

162

みたいなの結構あって。なんでこれを一緒にやろうって気づいてくれな
いんだろうって。でも多分、彼らは彼らなりにいろいろ変えようと思っ
てがんばってるんだろうなって。かなり<u>情報量が違うのかな</u>。」(M3)

　経営層に近い管理職者と、そうではない若手社員では入ってくる情報が異
なり、それが若手社員の課題形成（問題設定）の困難につながるのではないか
という。これについて解決策までは示されていないが、事業や企業に関わる
情報提供の必要性を意味するものであろう。次の I9 は、仕事に関わる、よ
り身近な情報に触れさせることが、〈主体性〉の育成に役立つと述べた。

　　「OJT とかで<u>違うサービス</u>（筆者注：IT システムのこと）<u>を見に行くってい</u>
　　うのは結構（筆者追記：有効である）、ちょっと違う技術要素だったり同じ
　　技術要素だったりあって、根本のサービスは同じだったりするとたぶ
　　ん感覚が変わってくるんだと思うんです。（中略）24/365（筆者注：24 時間
　　365 日）フォローをしなきゃっていうのと、一週間以内に復旧すればいい
　　やってのと全然違うので、<u>そこの厳しさを見たりとか。そこまで厳しく</u>
　　<u>できるんだったらこっちのサービスはもっとうまくできるね、とか</u>」(I9)

　若手社員に、類似技術を用いている他部門の様子を見せることによって、
社員が新しい視点を持ち、自分なりに考えるようになるという。仕事に関す
るリアリティのある情報を与えることで、若手社員に、〈主体性〉を持たせ
ようとしているのである。
　管理職者らは、〈主体性〉を発揮するためには、仕事に関する知識、経験
が必要であることを語っていた。近年、若手社員が自ら情報を収集し、仕事
の背後にある構造を理解するのを待つのではなく、管理職者から若手社員に
組織や事業、技術に関する情報を積極的に与えているといえよう。
　では、企業が求める〈主体性〉の「発信する」ことを促すためにはなにが行
われているのだろうか。

発信しやすい環境をつくる

社員が「発信する」ことを促すために、具体的にどのような取り組みをしているのだろうか。直接的に「発信する」ことにアプローチしたものではないが、まず、若手社員に対して、彼ら／彼女らの権限範囲について説明しているとした発言を取り上げよう。

　「主体的じゃない人っていうのは、多分自分の任せられたその権限の範囲が明確にされてないというところもあるんで、その子の範囲で、自由にできる権限の幅を教えるようにはしてますね。君の年齢で、今のポジションなら、この範囲は君の範囲であって、逆にその範囲はこっちからも手出さないんで、っていう所にラインを引いてあげる。主体性って、どの範囲なのっていう疑問が結構あるような感じがするんで。」(I10)

どこまで〈主体性〉を発揮して良いのかわからない若手社員に対して、権限範囲を明示的に教えているという。権限範囲を明示的に説明することで、動きやすく、発信しやすくしようとしている。次のM22は、〈主体性〉が無い若手社員は、自分ができる範囲を限定的に捉えるため発信に至らないと述べた。

　「(筆者追記：主体性が無い社員は)「自分が影響を及ぼせる範囲に勝手に枠を作っている」ということだと思っています。「言ってもしょうがない」っていう枠もあるし、「もう決まっていることだから」と勝手に枠をつけます。そしてその枠がすごく狭い。実は会社の中で、法律で決まっていること以外、働き方やプロセスなどは、先輩たちが良かれと思って作ってきたルールであって、今の時代に合わせて変えていいものです。(中略)その枠を超えて伝えたという成功体験が一回でもあると、また次に言えるようになります。」(M22)

〈主体性〉の無い若手社員は、自分で勝手に枠を作ってしまい、そのため

に考えること、発信することに至らないという。これは、若手社員に与えられた仕事裁量の範囲を、自ら狭めているとも捉えられよう。しかしながら、枠を超えて、発言した成功体験を持つことで、次の発言にもつながるという。次も、枠を越えて、考えたことを発信することの重要性を述べたものである。

> 「(筆者注：主体性があると感じられる状況) 組織にいる以上は、<u>組織をこっちから動かす</u>というところが一番面白いです。そうするためには「<u>ちょっと言ってみる</u>」。思いついたことを「これ面白いかも」とか、逆に「これやばいかも」とか言ってみる、このちょっとした勇気を持てることが重要だと思います。「間違っちゃったら怒られるかな」とか、「笑われるかな」とか、そういうことを考えずに<u>話ができる環境</u>がとても<u>大事</u>だと思っています。」(I24)

　若手社員が「発信する」ことを重視しており、その社員の発言によって組織が動き、組織が変わるというビジョンを持っている。また、若手社員の発信を促すためには、「発言しやすい環境づくり」が重要だと述べている。
　では実際に、若手社員が「発信する」ことを促すために、どのような取り組みが行われているのだろうか。次のM5は、日々の打ち合わせのなかで、発言しやすい環境を作っているとした。

> 「<u>発信の機会を作ってあげる、発信しやすい環境を作ってあげる</u>って言うところですかね。さっきの打ち合わせの場でも、<u>個人を指名して聞いたりとか</u>。(中略) 自分の知ってたことが、誰も知らなくて、それが実は大事なことで、っていう<u>小さな成功体験</u>じゃないですけど。そういうのが持ってもらえれば発信力が少しずつ大きくなってきたりすると思うで、そういうことを意識してますけど。」(M5)

　日常のミーティングでも、若手社員からの発言を待つのではなく、管理職者が、「個人を指名する」ことなどで、「発言しやすい環境づくり」を意識し

ていることがうかがえる。さらに、若手社員の発信を、成功体験につなげることで、若手社員の発信力をさらに上げるよう配慮している様子もみられる。「自分の知ってたことが、誰も知らなくて、それが実は大事なことで」という発言からは、M5も個人の発信によって、組織がより良く変わるというビジョンを持っていることがうかがわれる。

　次は、日常的に行う1 on 1（ワンオンワン）と呼ばれる個人面接手法を取り入れて、「発言しやすい環境づくり」をしているという語りである。

　　「1 on 1 のときのアドバイスは、やっぱり指示じゃないんですね。何とか言える場を作ってあげるのがまず一つで、言わせるんですね。「どう思っているの？」って聞いたら本人が発言する。相互理解もあるんですけれども、提言を言いやすい場をまずは作る。（中略）企業はやはり高速に動かしたい、成果を上げていきたいので、気づいたことがあったら横展開できる。いいことは展開をしていきたい」（M21）

　1 on 1 とは、人事や昇級に関わる面接ではなく、日常的に、必要なタイミングで、社員と管理職者が1対1で行う面接のことを意味する。この面接では、他者の目を気にすることのない環境を作り、その安心・安全な環境のなかで、社員は発言を促される。このような「発言しやすい環境づくり」によって、若手社員が意見を述べやすくし、その社員の意見を組織改善等に生かそうという狙いがある。ここでも若手社員の発言によって、組織が変わるというビジョンが示されている。

　次のI24は、「発言しやすい環境づくり」について、次のように語った。

　　「新しいものを見つけたら、指示した上司に「こういうものを見つけたんだけど、こういうことも考えたらどうでしょうか」みたいなことが言える。（中略）彼、彼女のアイデアによって組織が動く。個人のアウトプットで企業がより良い方向に動くということになります。全社に展開すると、全社の、つまり何千人が、あなたが思いついてくれたことによって

変化していくことになります。発言すると「出る杭は打たれる」になる文化では「言うのをやめとこう」となり、会社が硬直していく悪いスパイラルに入ってしまいます。「<u>コミュニケーションができる場をつくる</u>」<u>ことが、社員の主体性をつくり上げていくためには大事なこと</u>なのかな、と企業の中で社員を見ていて思います。」(I24)

　社員の〈主体性〉育成という観点から、社員同士が「コミュニケーションできる場」が必要だという。また、自由な発言が肯定されない「出る杭は打たれる」文化についても語っており、〈主体性〉育成のためには、出る杭と思われないような「発言しやすい環境づくり」の必要性が強調される。また、ここでも、社員の発言によって組織がより良い方向に変わるというビジョンが示されている。

　第2章において、管理職者らは、一見簡単にも思われる「発信する」ことが、若手社員にとってはそれほど容易ではないとの問題意識を持っていることを示した。若手社員の〈主体性〉育成の取り組みにおいては、「発言しやすい環境をつくる」ことが重視されており、それによって「発信する」ことを促し、〈主体性〉を育成しようとしている。次のM22は、この「発言しやすい環境をつくる」ことは、管理職者の取り組みだけでなく、企業全体の取り組みとだと述べた。

　「主体性育成の取り組みについて、4つご紹介します。一つ目はO（筆者注：自社名）では、「<u>真面目な雑談</u>」をしましょうとよく言います。真面目な雑談というのは、いろいろな部署の、いろいろなバックグラウンドの人間が雑談することを通していいアイデアを思いつくということです。そのために<u>いろいろな「場」</u>が設定されています。有機的・流動的な組織、大部屋制がほぼ全部の部署で導入されています。<u>研究所だけではなく、事業部も生産もみんな大部屋制になっています。みんなが行き来する中で仕事をするので、真面目な雑談が起きやすい状況になります。</u>」(M22)

〈主体性〉育成の取り組みとして、「真面目な雑談」をあげ、社員が考えたことを「発信できる場」を作っているという。具体的には、オフィスを部門ごとに区切るのではなく、大部屋にすることで、雑談しやすい場をつくっている。次の I24 は、〈主体性〉育成の取り組みとして、「オフサイトミーティング」をあげた。これも企業全体としての取り組みである。

　　「（主体性育成の取り組みについて）各種の社内改革プロジェクト、オフサイトミーティング、上司部下面談などがあります。<u>オフサイトミーティングは、場をつくって「真面目な雑談」をするのですが、それによって意見を言っても安心で安全な社内文化というのを醸成する</u>。これらの方法で<u>社員の「主体性」を立ち上げていく</u>ことを企業として取り組んでいます。」(I24)

　ここでも「真面目な雑談」という言葉が用いられている。若手社員の〈主体性〉育成のために、オフサイトミーティングという「意見を言っても安心で安全な場」をつくるための取り組みが行われている。このように管理職者も企業組織としても、1 on 1 やオフサイトミーティングなど、他社でも実践されている新しい手法を用いて[7]、社員が安心して発信できる場づくりに取り組んでいる。

　また、管理職者らの発言からみえてくるのは、管理職者らは、特別な能力を持った社員が企業に変化をもたらすと考えているのではなく、普通の社員が、〈主体性〉を持つこと、つまり、自分なりに考え、発信し、他者と協働することによって、企業に変化をもたらすというビジョンを持ち、それを共有していることである。

　では、管理職者自身が経験してきたように、若手社員を「主体的にならざるを得ない場」に置くことは、若手社員の〈主体性〉育成の方法としては用いられていないのだろうか。

〈主体性〉がより求められる場に置き、サポートする

　〈主体性〉育成の方法として、若手社員を「主体的にならざるを得ない場」
に置くことは、行われていないのだろうか。次の R14 は、〈主体性〉を持つ
社員を育成するために、仕事を任せた上で、上司はそれを見守ることが必要
だとした。

　　「上司もいろんなタイプがいて、うまくやってほしいので、事細かに指
　　導する上司もいるわけですよ。(中略)実はやらされ感満載で、自分で考
　　えることをしなくなりますし、だからできれば我慢する上司。まずいな
　　と思っても、いかに我慢できるか。(中略)任すんですけど、ポイントポ
　　イントでは、チェックしながら、見てあげないといけない。ぐっと我慢
　　して任せる。」(R14)

　管理職者は、部下に事細かく指示しないように気をつけ、介入しすぎない
ように考慮(我慢)しなければいけないという。若手社員に仕事を任せながら
も、それをチェックし、見守るというサポートをすることで、若手社員の〈主
体性〉を育成しようとしている。
　次は、若手社員の〈主体性〉育成方法として、やや困難な仕事を担当させ
ることをあげた例である。

　　「(主体性の育成方法について)プロジェクトをアサイン(筆者注:割り当て)
　　され、その人が難しいかなと思いながらもアサインされたプロジェクト
　　を受けるというその行為です。(中略)やはり人を巻き込んで、いろんな
　　ことをして助けてもらいながらやらなきゃいけない。考えますよね。「成
　　功するにはどうしたらいいか？」みたいな、ちょっと自分をストレッチ
　　させる仕事がアサインされて、どうしていったらいいかを考えて、「1
　　人で悩み込むんじゃ駄目だよ」とやりつつ回していく。そこで一番いい
　　のは成功体験なんですけど、失敗しても何だったかが振り返られる。」
　　(M21)

　少し難しい仕事を割り当てることによって、若手社員が、自ら考えるようになり、また他者を巻き込む〈主体性〉が育成されるという。管理職者は、その少し難しい仕事を担当する社員に対して、見守りながら、アドバイスし、「成功体験」を持たせるよう取り組んでいる。

　次も同様に、少し上の役割につかせることで、少し難しい仕事を担当させ、それによって〈主体性〉を育成しようとしていた。

　「OJTでは、やはり「立場が人を育てる」っていうところがあると思っています。主体性がまだ、いまひとつな人だとしても、例えばチームリーダーをやってもらう。それをうまくフォローして、成功体験をさせ、自信を持ってもらって、次のステップに進めるということを努力している上司は多いかなと思います。組織長になったり、だんだん立場が上がっていくと権限が増えていって、「主体的にやらなくちゃいけないところ」がどんどん増えていく。なったばっかりのときは、右往左往していても半年ぐらいたつと、それなりにいろんなディシジョンができるようになっていくので、やっぱりそういう「立場とか場を与えて、それがうまくできるようにフォローする」のが一番今やるべきことかなと思っています。」(I24)

　若手社員の〈主体性〉を育成するために、今より少し上の役割(例えば、チームリーダー)を割り当て、管理職者がサポートすることによって、若手社員に成功体験を持たせるという。「それをうまくフォローして、成功体験をさせ、自信を持ってもらって、次のステップに進めるということを努力している上司は多いかなと思」うという発言からは、社員に成功体験をさせるために、上司が多様なサポートが行うことは、企業においてごく当たり前に行われているものと考えられる。

　近年の若手社員の〈主体性〉育成では、社員を「主体性がより求められる場」に置くだけでなく、上司・管理職者は、社員を見守り、様々なサポートを行

い、それによって若手社員に成功体験をさせることで、若手社員の〈主体性〉を育成しようとしているのである。

---

3. まとめ

企業における〈主体性〉の評価、育成について、まとめておこう。

1) 〈主体性〉の評価について、管理職者らは、若手社員の「自分なりに考える」ことが、発言や行動、また仕事の成果などとして外化されたものを対象として評価している。また「仕事に関して協働する」ことについては、上司や、同部門・他部門の社員（タテ方向とヨコ方向の他者）からリアリティのある情報を引き出し、協働しているかどうかを対象として評価される。

2) 企業における〈主体性〉の評価は、外化されたものを対象として、日常的に、頻繁に、複数の管理職者によって行われることで、従来の仕事の評価と同様に大きくずれることなく行われている。

3) 旧来、管理職者らが若手社員であった頃は、職場内教育（OJT）を担当する上司や先輩もいないという、上司・先輩のサポートが欠如した「主体的にならざるを得ない場」に置かれることで、自ら〈主体性〉を獲得していた。

4) 管理職者らは、若手社員のときに数年の仕事経験を積むなかで、自分は仕事で何をすれば面白いと思うのかメタ的に認知していた。そして、若手社員にも与えられた仕事裁量を活用し、自分自身が面白いと思う方向や方法で仕事を進めることによって、〈主体性〉を発揮していた。

　5)近年の企業における〈主体性〉育成をみると、管理職者らは、社員が
　　自分で考えるように問いかけ、若手社員が自ら情報を収集して仕事の
　　背後構造を理解するのを待つことなく、仕事や事業に関する様々な情
　　報を提供している。さらに、〈主体性〉に含まれる「発信する」という
　　行動を促すために、「発言しやすい環境づくり」を目的として様々な
　　取り組みを行っている。

　6)若手社員を「主体性がより求められる場」に置いたとしても、そこで
　　の仕事が成功体験につながるよう、管理職者らは様々なサポートを
　　行っている。近年の企業における〈主体性〉育成の様相として示され
　　たのは、管理職者や企業組織の多様なサポートによって〈主体性〉育
　　成がなされていることである。

　本章では、企業における〈主体性〉の評価と育成の様相を示してきた。次
の終章では、これまでの各章での分析を振り返りながら、総合的な考察を行
うこととしよう。

注

　1　OJT とは、日常の業務につきながら行われる教育訓練のことをいう。上司が業
　務の中で作業方法などについて、部下に指導することなどがこれにあたる。また、
　計画的 OJT とは、教育訓練に関する計画書を作成するなど、教育担当者、対象者、
　期間、内容等を具体的に定めて、段階的、継続的に実施する教育訓練をいう（厚
　生労働省　2018）。

　2　職場外教育（Off-JT）とは、会社の業務命令に基づいて、通常の仕事を一時的
　に離れて行う教育訓練（研修）のことをいう。社内で実施する教育訓練（労働者
　を集合させて実施する集合訓練など）や、社外で実施する教育訓練（業界団体や
　民間の教育訓練機関などが実施する教育訓練に社員を派遣することなど）を含む
　（厚生労働省　2018）。

　3　この調査では、「主体性」、「実行力」、「課題設定・課題解決力」の 3 つの資質・
　能力について、文系、理系それぞれの入社直後の修得状況を確認している。

　4　回答企業は、文系は、275 社（うち経団連会員 170 社、経団連非会員 105 社）、

　理系は、240 社 (うち経団連会員 148 社、経団連非会員 92 社) であった。

5　「実行力」、「課題設定・解決能力」の「抜本的な教育が必要なレベル」については、「実行力」は 7%（文系）と 5%（理系）、「課題設定・解決能力」は 13%（文系）と 9%（理系）であった。

6　メタ的に考えること、つまりメタ認知 (meta cognition) とは、考えることについて考えることである (Fadel et al. 2015=2016)。

7　「オフサイトミーティング」は、組織開発で用いられる「ダイアログ」と同様に、話ができる場を設定することとされる (スコラ・コンサルタント対話普及チームほか　2020)。濱中 (2015) は、企業のインタビュー調査から、企業は他社の動向に強い関心を示すことを指摘したが、1 on 1 ミーティングなども、日本や海外の有名企業 (ヤフーや Google など) での取り組み (Schmidt et al.　2014=2014：本間 2017) が、広く認知され、複数企業において取り入れられているものと考えられる。

終　章
企業が求める〈主体性〉とは何か

<hr>

本章の概要

　終章では、各章の分析結果をまとめ、総合的な考察を行った。

　本書では、経済団体、企業採用部門、企業事業部門の3層を対象とすることで、これまで一枚岩として扱われがちであった産業界のなかにも異同があり、それぞれの論理があることを明らかにしてきた。

　企業は〈主体性〉を強く求めているとみえたものの、仕事の現場においては、〈主体性〉は「非定型業務を担う正社員」を対象として、限定的に強く求められるという〈主体性〉の要求格差があることを示した。

　また、企業が求める〈主体性〉の意味は時代によって変わり、〈主体性〉という言葉を使い続けていたとしても、求めるものは変化している。また〈主体性〉は、個人の発言や行動に留まらず、他者との協働関係にまで拡張されている。

　企業の〈主体性〉要求について、仕事の現場にいる管理職者らは、社員の〈主体性〉は、企業のメリット、管理職者のメリット、さらには社員自身のメリットにもつながると認識していた。また、管理職者らは自らの〈主体性〉に関わる経験を参照し、〈主体性〉は当該社員のメリットになると善意を持って認識することで、誰しもが明確な答えを示すことができない激しい社会変化のなか、若手社員らに対して〈主体性〉を強く求めている。

　企業における〈主体性〉育成について、旧来は、「主体的にならざるを得ない場」に置かれることで、自ら〈主体性〉を獲得していた。他方、近年は、〈主体性〉が重視されるがゆえに、管理職者も企業組織も、社員の〈主体性〉育成のために多様なサポートを行い、その多様なサポートのもとで、若手社員にとっては従属的な〈主体性〉育成がなされているとみることができる。

　ここまで、企業が求める〈主体性〉について分析を行ってきた。改めて、本書の分析対象や分析方法について振り返り、そののちにこれまでの分析をまとめ、総合的な考察を行うこととしよう。

　図表終-1 に、本書の構成を再掲した。ここに示すように企業が求める〈主体性〉を明らかにするために4つの課題を設定した。また、分析にあたっては、産業界を経済団体、企業採用部門、企業事業部門の3層に分け、その異同を示した。これまで一枚岩として扱われがちであった産業界を3層に分けて分析することで、産業界のなかにも異同があり、またそれぞれの論理があることを明らかにしてきた。

　また、分析にあたり、時間軸を用いることで、産業界の約20年間の変化を捉えることを試みた。それにより、企業の〈主体性〉要求が高まってきたことを示すとともに、企業が求める〈主体性〉の意味が時代によって変化することを示した。また、企業の仕事の現場を対象として、旧来の〈主体性〉育成（〈主体性〉獲得）と比較することによって、近年の企業における〈主体性〉育成の様相を示した。

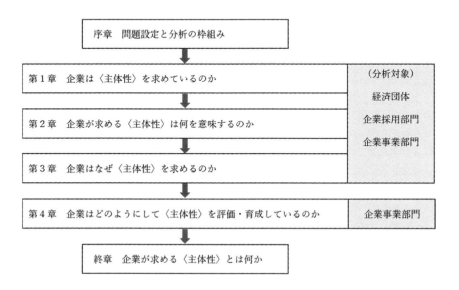

図表終-1　本書の構成（再掲）

　では、次に第1章から第4章までの各章の結果をまとめながら、総合的な考察を行おう。

1.　企業の〈主体性〉要求の高まりと〈主体性〉の要求格差

(1) 企業の〈主体性〉要求の高まり

　近年、企業は〈主体性〉をより求めるようになっていることを、経済団体、企業採用部門の分析で示した。

　経済団体は、他の資質・能力と比較しても、1990年代以降、〈主体性〉を継続して求めていた。また、経済団体が行ったアンケート調査を分析した結果、2010年代に、経団連によって行われた3回のアンケート調査結果が公表されたことによって、〈主体性〉が、企業がもっとも求める資質・能力として可視化されたことを示した。

　企業採用部門も、近年、〈主体性〉をより求めていることを示した。岩脇（2006a）は、1970年頃と比べ2000年頃には、より〈主体性〉が求められたことを示唆したが、本書の分析によって、そののち2000年から2020年頃にかけて、よりいっそう企業は〈主体性〉を求めるようになったことを明らかにした。企業は、1970年以降、2020年までの長期期間にわたって、〈主体性〉要求を高めてきたといえる。

　また、2000年頃には、〈主体性〉を強く求めていたのは、従業員3,000人以上の大企業であり、業種としては情報・通信、商社・卸などの一部の業種であった。しかし、2020年頃には、企業規模、業種に関わりなく、〈主体性〉が求められるようになった（図表1-13、1-14）。近年、企業は、その規模や業種といった企業属性に関わりなく一律に、より〈主体性〉を求めるようになったといえる。

　このように経済団体と企業採用部門は、ともに〈主体性〉を要求しているようだが、詳細に見ると経済団体と企業採用部門の〈主体性〉要求には違いもある。例えば、経済団体の提言では、2010年代に、〈主体性〉の出現率がやや下がったが（図表1-1）、採用部門では、〈主体性〉の出現率は上がり続け

ており (図表 1-11)、経済団体と採用部門の〈主体性〉の出現傾向には、やや乖
離があった。経団連のような経済団体が求める資質・能力は、その時点の経
済団体組織の方針を反映するため、各企業の要求とは乖離することがあると
考えられる。このような差異はみられるものの、経済団体、採用部門とも、
近年、より〈主体性〉を求めているといえよう。

　さらに、企業の仕事の現場においても、社員の〈主体性〉は強く求められ
ている。管理職者らは、社員の〈主体性〉の有無を日常的に弁別しているが、
これは社員の〈主体性〉を重視している証左である。経済団体の提言や、企
業採用部門が示す「求める人材像」という文書上だけでなく、企業の仕事の
現場でも〈主体性〉は強く求められている。近年、経済団体、企業採用部門、
企業事業部門が一体となって、近い将来、社員となるであろう学生ら、また
若手社員に対して、〈主体性〉を強く求めているのである。

(2) 企業における〈主体性〉の要求格差

　しかしながら、企業の内実をみると、すべての社員に平等に、一律に〈主
体性〉が求められているわけではない。非正規社員や定型業務を担う社員に
は、それほど〈主体性〉は求められず、他方、「非定型業務を担う正社員」で
ある若手社員を対象として、〈主体性〉が強く求められている。非正規社員
が就業者の約 3 割を超す現状があり[1]、定型業務を担う正社員も少なくない
と考えると、仕事の現場において、企業が意味する〈主体性〉が求められな
い社員は少数派ではないと考えられる。

　また、先行研究の検討で見たように佐藤 (2012) は、定型業務を担う非正規
社員の増加によって、若手正社員が、やさしい定型業務から難しい非定型業
務へと学んでいく機会が減少していることを指摘した。非正規社員の増加に
よって、若手社員は、入社後早い段階から、判断が求められる非定型業務を
担うことになり、そのため入社後早々に、仕事に関する〈主体性〉が求めら
れるものと考えられる。

　企業の仕事の現場においては、〈主体性〉は、すべての社員に平等に求め
られているわけではなく、従事する仕事や雇用形態によって異なる。〈主体性〉

は、「非定型業務を担う正社員」である若手社員に対して強く求められる一方、非正規社員を含む他の社員には〈主体性〉はそれほど求められないという〈主体性〉の要求格差が存在するといえよう。

　〈主体性〉の要求格差について、〈主体性〉が内包する意味（「自分なりに考える」、「発信する」、「仕事に関して協働する」）から考えてみると、「非定型業務を担う正社員」に対しては、自分なりに考え、発信し、さらに仕事に関して他者と協働することが強く求められる一方、非正規社員や定型業務を担う社員には、それらが求められないことになる。企業内に存在する〈主体性〉の要求格差は、「自分なりに考える」こと、「発信する」こと、「仕事に関して協働する」ことの要求の差異ともなる。例えば、非正規社員や定型業務を担う社員に、「仕事に関して協働する」ことが求められないとすれば、仕事を介して、同僚や他部署の社員というヨコ方向の他者や、上司や先輩というタテ方向の他者との繋がりを深める機会も得られないことにつながるであろう。

2.　企業が求める〈主体性〉の意味の変化と拡張性

(1) 企業が求める〈主体性〉の意味の変化とずれ

　「企業が求める〈主体性〉は何を意味するのか」、経済団体の提言の分析で示されたのは、1990 年代には、「行動力」と結びついていた〈主体性〉は、2010 年以降、「思考力」、「協調性」へと結びつきを変えたことである。企業採用部門の計量テキスト分析においても、〈主体性〉は、2000 年頃には「行動力」と結びついていたが、2020 年頃には、「思考力」、「協調性」へと結びつきを変えたことを示した。

　このように経済団体、企業採用部門の分析で示されたのは、〈主体性〉は、「行動力」から、「思考力」、「協調性」へと変化したという大きな流れがあり、2020 年頃には、〈主体性〉は「思考力」、「協調性」という意味を内包するようになったことである。企業は、〈主体性〉といわれるものを求め続ける一方、その〈主体性〉が内包する意味は、2000 年頃の「行動力」から、2020 年頃の「思考力」、「協調性」へと時代によって変化しているのである。

また、企業採用部門が示した〈主体性〉の意味（「思考力」、「協調性」）と、仕事の現場で用いられる〈主体性〉には、ややずれがある。

企業採用部門の分析で示された「思考力」という言葉からは、個人が緻密に考えることや、何らかの正解に導くことが想起される。しかし、仕事の現場で社員に求められるのは、正解が無いなか、粗削りであっても、間違っていたとしても、「自分なりに考える」ことである。また、仕事の場で求められる「協調性」は、他者に同調するような「協調性[2]」ではなく、仕事に関して、同僚や他部署の社員などヨコ方向の他者や、上司というタテ方向の他者と「仕事に関して協働する」ことである。

さらに、企業事業部門の分析により、「自分なりに考える」ことと「仕事に関して協働する」ことをつなぐ「発信する」ことが重視されていることを示した。企業の仕事の現場では、企業が求める〈主体性〉は、「自分なりに考える」、「発信する」、「仕事に関して協働する」という意味を内包して用いられているのである。

(2) 他者との協働にまで拡張される〈主体性〉

企業の仕事の現場においては、「自分なりに考える」という内的活動だけでは〈主体性〉としては認められない。「自分なりに考える」ことは必ず「発信する」という外化が求められる。「自分なりに考える」ことを「発信する」ことの先にあるのは、「仕事に関して協働する」ことである。若手社員に求められる〈主体性〉は、個人の内的活動や行動という個に閉ざされたものではなく、他者との協働にまで拡張される。

この「自分なりに考える」、「発信する」、「仕事に関して協働する」の関連について概念化した**図表終-2**（図表2-9の再掲）を改めて見てみよう。まず、管理職者らは、若手社員の「自分なりに考える」という内的活動を、〈主体性〉発揮の起点として重要視している。しかし、「自分なりに考える」だけでは〈主体性〉があるとは認められず、「自分なりに考える」ことは、必ず「発信する」ことが求められる。「自分なりに考える」ことを「発信する」ことで、はじめてその「自分なりの考え」が外化され、他者が関われるようになり、他者と「仕

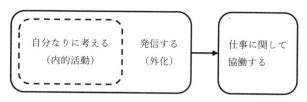

図表終-2　企業が求める〈主体性〉の意味の概念図（再掲）

事に関して協働する」ことにまでつながる。

　この企業が求める〈主体性〉についてもう少し考えてみたい。**図表終-3** には、〈主体性〉の「自分なりに考える」、「発信する」、「仕事に関して協働する」それぞれの要素について検討するために 3 つのケースを示した。

　まず、ケース 1 は、「自分なりに考える」のみが行われている場合である。これは、自ら考えていることから、内的活動は能動的だといえる（松下 2009）が、外から観察される変化としては示されないため、企業が求める〈主体性〉とはみなされない。

　ケース 2 は、自分なりに考えてはいるものの、その考えは外化されず、その状態で仕事に関して他者と協働しているケースである。ケース 2 では、自分の考えが外化されていないため「自分なりに考え」ているかどうかはわからない。そのため、他者からの指示などによって他者と協働しているものとされ、〈主体性〉があるとはみなされない。ケース 1、ケース 2 とも、「自分

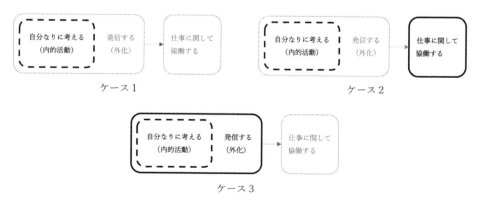

図表終-3　企業が求める〈主体性〉検討のための概念図

なりに考える」ことが「発信」されておらず、自分なりの考えが外化されないがゆえに、当該社員の〈主体性〉としては認められないケースである。

　他方、ケース3は、「自分なりに考える」ことを「発信する」ことまでは行ったものの、それが仕事に関わる他者（上司や同僚など）との協働につながらない場合である。例えば、若手社員が、自分なりの考えを、発信し、外化したとしても、その発言内容が仕事のリアリティから乖離しているなどの理由によって、仕事に関して他者と協働することにつながらなければ、企業が求める〈主体性〉としては評価されない。

　もし、若手社員が、自分なりの考えを述べ、当該社員自身は「〈主体性〉を発揮した」と考えたとしても、それが仕事に関わる他者との協働につながらないとすれば、上司や先輩などは〈主体性〉があるとは評価しない。これは若手社員と、上位者との〈主体性〉の認識ギャップが生じるケースであるとも考えられる[3]。このように仕事の現場においては、「自分なりに考える」という内的活動や発言、行動だけでなく、「仕事に関する協働にまでつながるのか」という観点から〈主体性〉が評価されるのである。

　第2章の冒頭において、「主体性」の意味は、「自分の意志・判断による行動や行動しようとする態度」、また、「行為者（主体）が対象（客体）にすすんで働きかけるさま」（溝上　2015）や、「物事に進んで取り組む力」（経済産業省 2006）のように、個人の行動とされてきたことを示した。しかし、本書が示したのは、企業が求める〈主体性〉は、個人の思考や発言、行動に留まらず、「仕事に関して協働する」という仕事における他者との協働関係にまで拡張されることである。このように、〈主体性〉が、他者との協働関係にまで拡張されることによって、個人の〈主体性〉は、他者によって容易に規定されるものになるともいえるだろう。

3. 企業における〈主体性〉要求の構造

(1)〈主体性〉要求の理由とその比較

　「企業はなぜ〈主体性〉を求めるのか」、これについて経済団体の分析で示

されたのは、日本企業がバブル経済崩壊のあおりを受けた 1990 年代には、「日本経済再生」が〈主体性〉を求める理由とされ、主体的でかつ特別な能力を持つ人材を求めていたことである。そして、技術革新やグローバル化が伸展した 2010 年以降には、「社会変化への対応」という曖昧な目的を設定し、そのために〈主体性〉を持つ人材を求めた。しかしながら、〈主体性〉を持つことが、なぜ日本経済再生につながるのか、また社会変化への対応につながるのか、それについては曖昧にされたまま〈主体性〉要求がなされていた。このように経済団体の提言を対象として分析する限りでは、〈主体性〉要求の理由は、はなはだ曖昧であり、実の無いものとして捉えざるを得ない。

　企業採用部門の分析で示されたのは、2000 年以降、企業採用部門も経済団体と同様に、「社会変化への対応」などの曖昧な理由を〈主体性〉を求める理由としたことである。しかし、2020 年頃には、〈主体性〉は、自社の組織変革やビジネスなど企業組織のメリットにつながるものとして具体的に語られるようになった。この時期 (2020 年頃) には、企業採用部門において、社員個人の〈主体性〉は、企業組織のメリットにつながると認識されるようになったと考えられる。

　このような経済団体と企業採用部門の〈主体性〉を求める理由の差異はなぜ生じているのか。経済団体の提言は、産業界を代表して政府や教育行政に対してマクロな視点からなされるため、日本経済全体に関わるマクロな理由を述べることになり、そのためある程度抽象的にならざるをえない。他方、企業採用部門は、大学新卒者等に向けて採用したい人材を示すため、求める資質・能力やそれを求める理由を、より具体的に示すものと考えられる。

　他方、企業事業部門の分析で示されたのは、企業採用部門などで示された「社会変化への対応」は、管理職者らによって「上司に答えが無い」という「社内変化への対応」として認識されていたことである。旧来 (1980 年代から 1990 年代) の企業では、事業方針は明確であり、進むべき方向 (答え) を知っている上司は、トップダウンで指示を出すことができたとされる。しかし、近年の社会変化の激しさは、誰しもが明確な答えを示すことはできない状況を生み、そのため管理職者らは、「上司に答えが無い」という認識を持つようになる。

　また、社会変化の激しさは、旧来の知識や経験の価値を大きく減じさせる。そのため管理職者らが持つ仕事に関する知識や経験も、その価値を減じることになる。そこで、管理職者らは、新しい情報を収集し、進むべき方向を考える〈主体性〉を、仕事に関する知識や経験を持つ上司・管理職者らにではなく、仕事に関する知識や経験をそれほど持たない若手社員に強く求めるのである。

(2) 善意による〈主体性〉要求

　企業事業部門の分析によって示されたのは、若手社員の〈主体性〉は、企業組織のメリットに結びつくだけでなく、管理職者のメリット、また、若手社員自身のメリットにも結びつくと認識されていることである。

　社員の〈主体性〉は、仕事の成果（アウトプット）の向上や、生産性・利益の向上という企業組織のメリットにつながる。また、管理職者の業務負担の軽減や社員への信頼感など管理職者のメリットにもつながる。さらに、若手社員自身にとっても、仕事の面白さ、成長、社会関係資本の獲得、社会変化への対応、昇進などのメリットとして当該社員のためにもなると認識されている。

　管理職者らは、自分自身が若手社員のときに主体的に仕事をすることによって、「やらされ仕事」から脱却して面白く仕事ができたこと、また昇進に結びつくことを経験している。管理職者らは、そのような自身の経験を参照することによって、若手社員への〈主体性〉要求を肯定的に捉えている。

　急速に進む技術革新などの社会変化の激しさは、誰しもが、明確な答えを示せない状況を生み出している。管理職者らは、若手社員が〈主体性〉を持つことは、若手社員自身のメリットにつながると認識することで、その〈主体性〉要求自体を肯定的に捉え、善意を持って、誰もが明確な答えを示すことはできない状況のなか、「自分なりに考える」ことを含む〈主体性〉を若手社員らに強く求めているとみることができる。

4.　企業における〈主体性〉の評価と育成

(1) 企業における〈主体性〉評価——日常的に行われる外化されたものへの評価

　企業における〈主体性〉の評価について示されたのは、管理職者らは、日常的に若手社員の〈主体性〉の有無を弁別し、評価していることである。

　仕事の現場で求められる〈主体性〉は「自分なりに考える」、「発信する」、「仕事に関して協働する」を内包するが、〈主体性〉の評価もこの3つの観点から行われている。まず、〈主体性〉の起点となる「自分なりに考える」ことは、発言や行動、また言動として現れる仕事のスケジュール感、仕事の成果（アウトプット）として外化されることで、他者である管理職者からも観察可能となり、日常的な評価対象とされている。

　また、「仕事に関して協働する」については、自分なりに考えたことを上司（タテ方向の他者）に発信し、協働しようとするのか、同部門・他部門の社員（ヨコ方向の他者）と協働し、仕事に関わるリアリティのある情報を探索しているのか、という発言や行動によって評価されている。

　先行研究では、日々の仕事ぶりを上司（管理職者）が観察することで、社員の能力を評価することができる（濱口　2013）とされたのと同様に、〈主体性〉の評価についても、管理職者が、若手社員の日々の発言や行動を観察することによって行われている。また、外化された発言や行動などを対象とすることで、複数の管理職者によってそれほどずれることなく評価されている。石田（2003）は、仕事の評価は客観的科学ではなく、管理職者らの納得（＝合意）に根拠づけられているとしたが、社員の〈主体性〉評価も同様に、複数の管理職者らに共有されており、その納得や合意に基づいているといえる。

　また、本田（2005）は、〈主体性〉のような「ポスト近代型能力」について、個々人の全存在が洗いざらい対象とされ、個々人の内面をえぐり出すような評価につながるとした。企業における〈主体性〉評価について、個々人の全存在が洗いざらい対象とされている様相まではうかがえない。しかしながら、複数の管理職者によって、日々、社員の〈主体性〉の評価がなされており、若手社員らは、日常的に〈主体性〉評価の視線にさらされているといえよう。

(2) 社内教育で行われる〈主体性〉育成

　企業における〈主体性〉育成について、企業は、大学などの教育機関だけ
に〈主体性〉育成を求めているのか、それとも職場内教育 (OJT) によって、若
手社員の〈主体性〉育成を行おうとしているのか、企業を対象としたアンケー
ト調査によって検討した。その結果、企業において、若手社員に何らかの資
質・能力が不足していた場合、職場内教育によってその資質・能力を育成す
るものと考えられており、〈主体性〉も育成対象とされていた。社員の〈主体
性〉は、社内教育によって育成できるものと認識されており、〈主体性〉育成は、
職場内教育 (OJT) を担う管理職者の業務のひとつとなっていることが示唆さ
れた。

(3) 旧来の〈主体性〉育成——主体的にならざるを得ない場に置かれること

　企業は、どのようにして若手社員の〈主体性〉を育成しようとしているのか、
旧来の〈主体性〉育成と、近年の〈主体性〉育成を比較しながらまとめる。

　まず、旧来の〈主体性〉育成について、企業事業部門の管理職者の語り
から示されたのは、今は〈主体性〉があると自認している管理職者の多く
が、入社時には〈主体性〉が無く、仕事のなかで〈主体性〉を獲得してきたと
認識していることである。管理職者自身が、新入社員、若手社員であった頃
(1980 年代から 1990 年代) は、「主体的にならざるを得ない場」に置かれること
で、自ら〈主体性〉を獲得していた。

　ここで言う「主体的にならざるを得ない場」とは、新規部門に配属される
こと、それまで社内の誰も取り組んだことのない新しい業務を担当すること、
つまり職場内教育 (OJT) を担当する上司や先輩がいない場に置かれることで
ある。管理職者らは、その分野について教えられる先輩や上司がいないとい
う、上位者からのサポートの欠如により、自分で考えざるを得ず、仕事を推
進するために他部門や他企業の人々（ヨコ方向の他者）とも協働しながら、主
体的に仕事をしていた。

　先行研究で検討したように、社員を別の職場に配置するジョブローテー

ションにより社員育成がなされていることから考えると、若手社員を、新しい職場、また「主体的にならざるを得ない場」に置くことは、非明示化された社員育成プログラムのひとつだと考えられる。旧来は、職場内教育 (OJT) を担当する上司や先輩もいないというサポートが欠如した場があり、旧来の若手社員 (現在の管理職者ら) は、そこで自力で仕事をすることが求められることで、少なくとも数年をかけて自ら〈主体性〉を獲得、発揮してきたのである。

　管理職者らは、若手社員の頃に「主体的にならざるを得ない場」に置かれて仕事をすることについて、「やらざるを得なかった」と述べており、その厳しさがうかがえた。しかし、日常的に指導する上司や先輩がいないことは、上位者から日々評価されないことを意味する。旧来は、日常的に〈主体性〉評価の視線にさらされることなく、自分なりに考えて仕事を進められる主体的に仕事をしやすい環境があったと思われる。

仕事裁量を活用した〈主体性〉発揮のストラテジー再考

　管理職者らの発言からは、〈主体性〉を発揮するために、自らを内発的に動機づけていたことも示された。ホワイトカラーの仕事においては、自由裁量の余地が大きいことが指摘されている (中村・石田　2005)。仕事の面白さは〈主体性〉と分かちがたく結びついていたが、若手社員であった管理職者らは、数年の仕事経験を積んだのちに、仕事と自分なりの面白さを結びつけ、ホワイトカラーに与えられた仕事裁量を活用して、自分自身が面白いと思う方法を用いたり、面白いと思う方向に仕事を進めたりすることで、〈主体性〉を持って仕事に取り組んでいた。

　これを仕事裁量を活用した〈主体性〉発揮の戦略 (ストラテジー) と呼ぶとすると、この戦略を取るためには、いくつかのステップがある。まず、入社後、数年程度の仕事経験を積み重ね、その仕事のなかで「自分は何をすれば面白いと思うのか」について、メタ的に認知することである。それとともに、担当業務に関して「仕事の裁量が与えられていること」を認識する必要がある。自分なりの面白さと、仕事裁量があることを認識することで、仕事と自分な

りの面白さを結びつけ、若手社員にも与えられた仕事裁量のなかで、自分が面白いと思う方法を用いたり、面白いと思う方向に仕事を進めたりすることで、自ら内発的動機づけを高め、〈主体性〉を持って仕事に取り組むことができるようになる。

内発的動機づけは、デシ（Deci　1975=1980）によって広く提唱されたものである。デシ・フラストは、「楽しさ」を内発的動機づけの報酬のひとつとしたうえで、内発的動機づけの重要性を理解している企業管理職者は、部下の仕事がより面白くなるように工夫することで内発的動機づけを用いていると指摘した（Deci & Flaste　1995=1999）。

本書が示したのは、1990年前後に若手社員であった管理職者らは、仕事において自分が何を面白いと思うのかメタ的に認知して、仕事と自分なりの面白さを結びつけるとともに、仕事裁量があることを認識することで、自ら内発的動機を高め、〈主体性〉を発揮していたことである。

ここで近年の若手社員について考えてみると、彼ら／彼女らは、学生の頃から、また仕事の経験がほとんどない新入社員のときから〈主体性〉を強く求められている。そのため仕事のなかで数年をかけて、「自分は何をすれば面白いと思うのか」メタ的に認知し、仕事と自分なりの面白さを結びつけることで、〈主体性〉を発揮するという戦略が取りづらくなっているようにも思われる。仕事には、楽しさを生み出す活動としての側面があるとされる（Dore　2004=2005；猪木　2014）が、その自分なりの仕事の面白さを見つける前に、〈主体性〉が求められることにより、自らを内発的に動機づけて〈主体性〉を発揮するという戦略が取りづらくなっていることも考えられるのではないだろうか。

(4) 近年の〈主体性〉育成——多様なサポートによる従属的な〈主体性〉育成

近年の〈主体性〉育成について示されたのは、管理職者や企業組織が、若手社員の〈主体性〉育成のために、多様なサポートを行っていることである。例えば、管理職者は、若手社員が「自分なりに考えていない」と判断した場合は、自分なりに考えるように、口頭で促しサポートする。また、若手社員

が自ら情報を収集し、仕事の背後にある構造を理解するのを待つことなく、管理職者らは社員に対して、組織や事業等に関する情報を積極的に提供している。

〈主体性〉に含まれる「発信する」ことを促すために、管理職者も企業組織としても、様々な取り組みを行っている。例えば、管理職者は、会議において、明示的に発言する機会を与え、発言しやすい雰囲気を作るようサポートする。また管理職者も企業組織としても、「発言しやすい環境をつくる」、「意見を言っても安心で安全な社内文化をつくる」ことで、社員が「発信する」ことを促すための取り組みを行っている。「発信する」という、一見簡単にも思われる行動を促すために、管理職者らも企業組織としても、様々なサポートを行っている。

さらに、若手社員を「主体性がより求められる場」に置く場合も、主体性が求められる少し困難な仕事を割り当て、その仕事がうまくできるよう、成功体験につながるよう、管理職者らが様々なサポートを行うことで、若手社員の〈主体性〉育成を行っている。

近年、管理職者も企業組織も、若手社員の〈主体性〉育成のために、多様なサポートを行っており、そのサポートのもとで、若手社員にとっては従属的な〈主体性〉育成がなされているとみることができるのではないだろうか。

では、なぜ、近年、このように若手社員にとって従属的な〈主体性〉育成がなされるのか。

これまでの分析を通して示したのは、若手社員の〈主体性〉がより求められ、重視されていることである。社会変化の激しさが増すなか、管理職者らは「上司に答えが無い」という認識を持ち、そのため若手社員に、「自分なりに考える」ことを含む〈主体性〉を強く求めている。また、企業において、若手社員に不足する資質・能力は、職場内教育によって育成されるものとされており、若手社員の〈主体性〉不足が課題となれば、〈主体性〉が直接的な育成対象となる。

このように若手社員の〈主体性〉が重視され、〈主体性〉が直接的な育成対象となることによって、旧来のように若手社員の〈主体性〉獲得が、個々人

188

の力量や偶発性などに任せられるものではなくなる。そのため「非定型業務を担う正社員」である若手社員を広く対象として、管理職者も企業組織としても、多様なサポートを行うことによって、若手社員にとっては従属的な〈主体性〉育成がなされているとみることができる。

　管理職者らは、自身が若手社員であったときに、〈主体性〉育成を目的としたサポートを受けておらず、若手社員の〈主体性〉育成において、自分自身の経験を参照することができない。そのため、1 on 1や、オフサイトミーティングなどの国内外の有名企業で採用されている目新しい手法を取り入れながら、管理職者ら自身も、他社／他者を参照しながら、若手社員の〈主体性〉育成に取り組んでいるといえよう。

　このように近年の企業では、お膳立てられた〈主体性〉育成が行われることによって、若手社員の内発的な〈主体性〉が抑制される可能性があると考えられるのではないだろうか。

---

5. まとめ

最後に、終章のまとめを示しておこう。

1) 経済団体、企業採用部門、企業事業部門の3層を対象として分析することで、これまで一枚岩として扱われがちであった産業界のなかにも異同があり、それぞれの論理があることを明らかにした。また時間軸を用いて分析することにより、産業界の約20年間の変化を捉えた。

2) 近年、企業は〈主体性〉を強く求めていることが示された。他方、仕事の現場では、〈主体性〉は「非定型業務を担う正社員」に限定的に強く求められ、非正規社員や定型業務を担う社員にはそれほど求められないという〈主体性〉の要求格差がある。

3) 企業が求める〈主体性〉は、「行動力」から、「思考力」、「協調性」へと
　 内包する意味を変えた。企業が〈主体性〉という言葉を使い続けてい
　 ても、〈主体性〉という言葉で求めるものは変化している。

4) 企業の仕事の現場で求められる〈主体性〉は、個人の思考や発言、行
　 動に留まらず、「仕事に関して協働する」という他者との協働関係に
　 まで拡張される。

5) 〈主体性〉を求める理由について、経済団体は「日本経済再生」などの
　 曖昧な理由を示すのみであった。他方、管理職者は、社員の〈主体性〉
　 は、企業のメリット、管理職者のメリット、社員自身のメリットとな
　 ると認識していた。また、管理職者らは自身の経験を参照し、〈主体性〉
　 は当該社員のメリットになると善意を持って認識することで、誰しも
　 が明確な答えを示すことができない激しい社会変化のなか、若手社員
　 に対して「自分なりに考える」ことを含む〈主体性〉を強く求めている。

6) 〈主体性〉育成について、旧来は、「主体的にならざるを得ない場」に
　 置かれることで自ら〈主体性〉を獲得していた。他方、近年は、〈主体性〉
　 が重視されるがゆえに、管理職者も企業組織も、社員の〈主体性〉育
　 成のために多様なサポートを行っており、それにより若手社員にとっ
　 ては従属的な〈主体性〉育成がなされているとみることができる。

注

1　正社員、また非正規社員の数を労働力調査（総務省　2020）で確認しておくと、
　 就業者 6,656 万人 のうち、正規雇用者は、3,534 万人、非正規雇用者は 2,045 万人
　 であることから、約 5 割が正規雇用者、約 3 割が非正規雇用者と見ることがで
　 きる。非正規社員には〈主体性〉が求められないとすると、全雇用者のうち約 3
　 割の者には、仕事において〈主体性〉が要求されないことになる。非正規社員に
　 ついて、濱口（2009）は、非正規社員は有期契約により同じ職務を続けるとしたが、
　 決められた同じ職務を続けるため、「自分なりに考える」ことがそれほど求めら

れないものとも考えられる。

2　経済団体、企業採用部門の「協調性」コードには、「協働」という語彙も含まれている。

3　これに近いケースが、インタビューにおいて語られた。「ある企業で、自分の意見を積極的に述べた新入社員が、「とにかくうちのやり方を覚えろ」と頭ごなしに怒られた」という事例に対して、M22 は次のように述べた。「「まずはやりなさい」って言われたのは、企業には風土があり「そのやり方になっている理由」があるからではないかと思います。まずそれを一回理解してから、「でもこういうふうにしたらいいと思います」という提案だったら聞いてくれるかもしれませんが、一方的に自分の価値観だけで提案してもなかなか聞き入れてもらえません。「まず理解してからだよね」っていうメッセージではないかと思います」。この発言からも、社員が「自分なりに考えた」ことを「発信」したとしても、その自分なりに考えたことが、仕事に関わるリアリティのある情報と繋がっていないならば、企業が求める〈主体性〉とは評価されないものと考えられる。

参考文献

浅尾裕, 2007, 「『労働者性』と多様な働き方, そして労働政策」『日本労働研究雑誌』566, pp.63-72.

飯吉弘子, 2008, 『戦後日本産業界の大学教育要求—経済団体の教育言説と現代の教養論』東信堂.

———, 2012, 「戦後日本産業界の人材・教育要求変化と大学教養教育」『日本労働研究雑誌』629, pp.6-18.

石田光男, 2003, 『仕事の社会科学—労働研究のフロンティア』ミネルヴァ書房.

———, 2006, 「社会学会公開講演会　ホワイトカラー労働研究の方法と課題」『評論・社会科学』80, pp. 199-262.

猪木武徳, 2002, 「ホワイトカラー・モデルの理論的含み—人・組織・環境の不確実性を中心に」小池和男・猪木武徳編『ホワイトカラーの人材形成—日米英独の比較』東洋経済新報社, pp.35-54.

———, 2014, 「まえがき」猪木武徳編『〈働く〉は, これから—成熟社会の労働を考える』岩波書店, pp.v-vii.

———, 2015, 「労働政策の展望　高等教育における職業教育重視を考える」『日本労働研究雑誌』662, pp.116-119.

岩崎暁・西久保日出夫, 2012, 「大学新卒者採用における『求める人材像』の業種別傾向に関する研究—企業ウェブサイトの発信メッセージ分析を通して」『コミュニケーション科学』35, pp.179-207.

岩脇千裕, 2004, 「大学新卒採用における『望ましい人材』像の研究—著名企業による言説の二時点比較をとおして」『教育社会学研究』74, pp.309-327.

———, 2006a, 「高度成長期以後の大学新卒者採用における望ましい人材像の変容」『京都大学大学院教育学研究科紀要』52, pp.79-92.

———, 2006b, 「大学新卒者に求める『能力』の構造と変容—企業は『即戦力』を求めているのか」『Works Review』1, pp.36-49.

———, 2007, 「大学新卒者採用における面接評価の構造」『日本労働研究雑誌』567, pp.49-59.

小方直幸, 2001, 「コンピテンシーは大学教育を変えるか」『高等教育研究』4, pp.71-91.

———, 2013, 「大学における職業準備教育の系譜と行方—コンピテンスモデルのインパクト」広田照幸ほか編『シリーズ大学5　教育する大学—何が求められているのか』岩波書店, pp. 49-75.

岡部悟志, 2010,「企業が採用時の要件として大卒者に求める能力」『大学教育学会誌』 32 (1), pp.114-121.

苅谷剛彦, 2012,『グローバル化時代の大学論② イギリスの大学・ニッポンの大学―カレッジ, チュートリアル, エリート教育』中央公論新社.

―――, 2013,「高等教育システムの階層性―ニッポンの大学の謎 (エニグマ)」広田照幸ほか編『シリーズ大学 2 大衆化する大学―学生の多様化をどうみるか』岩波書店, pp. 163-193.

―――, 2019,『追いついた近代 消えた近代―戦後日本の自己像と教育』岩波書店.

河村甚, 2018,「チームビルディングプログラムの活かし方―主体性を引き出し, 現場でも継続させるには?」『企業と人材』1061, pp.8-14.

経済産業省, 2006,『社会人基礎力に関する研究会―「中間取りまとめ」』https://www.meti.go.jp/committee/kenkyukai/sansei/jinzairyoku/jinzaizou_wg/pdf/001_s01_00.pdf.

―――, 2010,『大学生の「社会人観」の把握と「社会人基礎力」の認知度向上実証に関する調査』https://warp.da.ndl.go.jp/info:ndljp/pid/3518969/www.meti.go.jp/policy/kisoryoku/shakaijinkan.pdf.

経済同友会, 1991,『「選択の教育」を目指して―転換期の教育改革』.

―――, 1999,『「企業の採用と学校教育に関するアンケート調査」結果』https://www.doyukai.or.jp/policyproposals/articles/1999/991213a.html.

―――, 2003,『若者が自立できる日本へ―企業そして学校・家庭・地域に何ができるのか』https://www.doyukai.or.jp/policyproposals/articles/2002/030409a.html.

―――, 2014,『「企業の採用と教育に関するアンケート調査」結果』https://www.doyukai.or.jp/policyproposals/articles/2014/pdf/141222a.pdf.

―――, 2022,「経済同友会とは」https://www.doyukai.or.jp/about/org.html.

小池和男, 1991,「はば広い専門性」小池和男編『大卒ホワイトカラーの人材開発』東洋経済新報社, pp. 3-28.

―――, 2002,「問題, 方法, 意味」, 小池和男・猪木武徳編『ホワイトカラーの人材形成―日米英独の比較』東洋経済新報社, pp. 15-33.

―――, 2005,『仕事の経済学 (第 3 版)』東洋経済新報社.

厚生労働省, 1998,『平成 10 年雇用管理調査』厚生労働省.

―――, 2001,『平成 13 年雇用管理調査』厚生労働省.

―――, 2004,『若年者就職基礎能力修得のための目安委員会報告書 (平成 16 年 7 月)』https://www.mhlw.go.jp/houdou/2004/07/dl/h0723-4h.pdf.

―――, 2010,『平成 22 年版 労働経済の分析―産業社会の変化と雇用・賃金の動向』https://www.mhlw.go.jp/wp/hakusyo/roudou/10/dl/02-1-1.pdf.

―――, 2018,「平成 29 年度『能力開発基本調査』の結果を公表します」https://www.mhlw.go.jp/file/04-Houdouhappyou-11801500-Shokugyounouryokukaihatsukyoku-Kibansetsubishitsu/0000118619_8.pdf.

国立教育政策研究所編, 2016,『国研ライブラリー　資質・能力［理論編］』東洋館
　　出版社.

小杉礼子, 2007,「企業からの人材要請と大学教育・キャリア形成支援」小杉礼子編『大
　　学生の就職とキャリア―「普通」の就活・個別の支援』勁草書房, pp.117-154.

小山治, 2010,「なぜ企業の採用基準は不明確になるのか―大卒事務系総合職の面
　　接に着目して」苅谷剛彦・本田由紀編『大卒就職の社会学―データからみる変化』
　　東京大学出版会, pp.199-222.

斉藤実, 2013,「新明解説『主体性』を持った社員のつくり方―ビジネスを切り拓く
　　適材適所と人間力の育成ポイント」『人事マネジメント』23 (9), ビジネスパブ
　　リッシング, pp.31-47.

佐藤厚, 2012,「企業における人材育成の現状と課題」『社会政策』3 (3), pp. 9-24.

白井俊, 2018,「OECDにおけるAgencyに関する議論について」https://www. mext.go.jp/b_
　　menu/shingi/chousa/shotou/142/shiryo/__icsFiles/afieldfile/2019/01/28/1412759_2.
　　pdf.

―――, 2020,『OECD Education 2030 プロジェクトが描く教育の未来―エージェン
　　シー, 資質・能力とカリキュラム』ミネルヴァ書房.

スコラ・コンサルタント対話普及チーム・若山修・刀弥館ひろみ, 2020,『オフサ
　　イトミーティング―仕事の価値を高める会議』同文舘出版.

総務省, 2013,『日本標準産業分類 (平成 25 年 10 月改定) (平成 26 年 4 月 1 日施行)』
　　https://www.soumu.go.jp/ toukei_toukatsu/index/seido/sangyo/H25index.htm.

―――, 2020,『労働力調査 (基本集計)―2020 年 (令和 2 年) 5 月分』https://www.stat.
　　go.jp/data/roudou/rireki/tsuki/pdf/202005.pdf.

舘野泰一・中原淳・木村充・保田江美・吉村春美・田中聡・浜屋祐子・高崎美佐・
　　溝上慎一, 2016,「大学での学び・生活が就職後のプロアクティブ行動に与え
　　る影響」『日本教育工学会論文誌』40(1), pp. 1-11.

中央教育審議会, 2012,『新たな未来を築くための大学教育の質的転換に向けて
　　～生涯学び続け, 主体的に考える力を育成する大学へ～ (答申)』https://www.
　　mext.go.jp/b_menu/shingi/chukyo/chukyo0/toushin/1325047.htm.

中小企業庁編, 2020,『中小企業白書・小規模企業白書　2020 年度版㊤―新たな「価値」
　　を生み出す中小企業』https://www.chusho.meti.go.jp/pamflet/hakusyo/2020/PDF/
　　chusho/99Hakusyo_zentai.pdf.

東洋経済新報社編, 2000,『就職四季報　2002 年版』東洋経済新報社.

―――, 2009,『就職四季報　総合版 2011 年版』東洋経済新報社.

―――, 2019,『就職四季報　総合版 2021 年版』東洋経済新報社.

中原淳編著, 荒木純子・北村士朗・長岡健・橋本諭著, 2006,『企業内人材育成入
　　門―人を育てる心理・教育学の基本理念を学ぶ』ダイヤモンド社.

長松奈美江, 2006, 「仕事の自律性からみた雇用関係の変化」『社会学評論』57 (3), pp. 476-492.

中村圭介・石田光男編, 2005, 『ホワイトカラーの仕事と成果』東洋経済新報社.

日経連能力主義管理研究会編, [1969] 2001, 『能力主義管理―その理論と実践』日経連出版部.

日本経済団体連合会, 1993, 『新しい人間尊重の時代における構造変革と教育のあり方について』.

―――, 1996, 『創造的な人材の育成に向けて―求められる教育改革と企業の行動』https://www.keidanren.or.jp/japanese/policy/pol083/index.html.

―――, 1997, 『企業の採用方法の変化と人材育成に対する意識調査結果概要』https://www.keidanren.or.jp/japanese/policy/pol121/index.html.

―――, 2000, 『グローバル化時代の人材育成について』https://www.keidanren.or.jp/japanese/policy/2000/013/index.html.

―――, 2004a, 『21世紀を生き抜く次世代育成のための提言―「多様性」「競争」「評価」を基本にさらなる改革の推進』https://www.keidanren.or.jp/japanese/policy/2004/031/index.html.

―――, 2004b, 『企業の求める人材像についてのアンケート結果』https://www.keidanren.or.jp/japanese/policy/2004/083.pdf.

―――, 2011, 『産業界の求める人材像と大学教育への期待に関するアンケート結果』https://www.keidanren.or.jp/policy/2011/005honbun.pdf.

―――, 2013, 『「世界を舞台に活躍できる人づくりのために」―グローバル人材の育成に向けたフォローアップ提言』https://www.keidanren.or.jp/policy/2013/059_honbun.pdf.

―――, 2015, 『グローバル人材の育成・活用に向けて求められる取り組みに関するアンケート結果』https://www.keidanren.or.jp/policy/2015/028_honbun.pdf.

―――, 2016, 『今後の教育改革に関する基本的考え方―第3期教育振興基本計画の策定に向けて』https://www.keidanren.or.jp/policy/2016/030_honbun.pdf.

―――, 2017, 『第3期教育振興基本計画に向けた意見』https://www.keidanren.or.jp/policy/2017/049_honbun.pdf.

―――, 2018a, 『高等教育に関するアンケート結果』https://www.keidanren.or.jp/policy/2018/029_honbun.pdf.

―――, 2018b, 『今後のわが国の大学改革のあり方に関する提言』https://www.keidanren.or.jp/policy/2018/051_honbun.pdf.

―――, 2018c, 「2018年度新卒採用に関するアンケート調査結果」https://www.keidanren.or.jp/policy/2018/110.pdf.

―――, 2022, 「経団連とは」https://www.keidanren.or.jp/profile/pro001.html.

日本労働研究機構, 2000, 『変革期の大卒採用と人的資源管理―就職協定廃止と大

　　卒の採用・雇用管理の変化─』調査研究報告書 No.128.

根本孝，2004，「企業の採用基準と即戦力採用」永野仁編著『大学生の就職と採用─
　　学生 1,143 名，企業 658 社，若手社員 211 名，244 大学の実証分析』中央経済社，
　　pp.49-65.

博報堂大学，2014，『「自分ごと」だと人は育つ─博報堂で実践している新入社員
　　OJT　1 年間でトレーナーが考えること』日本経済新聞出版社.

濱口桂一郎，2009，『新しい労働社会─雇用システムの再構築へ』岩波書店.

─────，2013，『若者と労働─「入社」の仕組みから解きほぐす』中央公論新社.

濱中淳子，2013，「拡大する大学院と就職難民問題─大学院修了者は「使えない人材」
　　なのか」濱中淳子代表『シリーズ大学 2　大衆化する大学─学生の多様化をどう
　　みるか』岩波書店.

─────，2015，「大学院改革の隘路─批判の背後にある企業人の未経験」『高等教育
　　研究』18，pp. 69-87.

樋口耕一，2014，『社会調査のための計量テキスト分析』ナカニシヤ出版.

藤村博之，2003，「能力開発の自己管理─雇用不安のもとでの職業能力育成を考える」
　　『日本労働研究雑誌』514，pp.15-26.

藤本真，2018，「『キャリア自律』はどんな企業で進められるのか─経営活動・人事
　　労務管理と『キャリア自律』の関係」『日本労働研究雑誌』691，pp.115-126.

本田由紀，2005，『多元化する「能力」と日本社会─ハイパー・メリトクラシー化の
　　なかで』NTT 出版.

─────，2011，『軋む社会─教育・仕事・若者の現在』河出書房新社.

─────，2016，「教育と職業との関係をどうつなぐか─垂直的／水平的多様性の観
　　点から」佐藤学・秋田喜代美・志水宏吉・小玉重夫・北村友人編『教育　変革
　　への展望 2　社会の中の教育』岩波書店.

本間浩輔，2017，『ヤフーの 1on1─部下を成長させるコミュニケーションの技法』
　　ダイヤモンド社.

毎日新聞校閲センター，2019，「「近年」っていつごろ？」https://mainichi-kotoba.jp/
　　enq-153.

松尾睦，2013，「育て上手のマネジャーの指導方法─若手社員の問題行動と OJT」『日
　　本労働研究雑誌』639，pp.40-53.

松下佳代，2009，「『主体的な学び』の原点─学習論の視座から」『大学教育学会誌』
　　31（1），pp.14-18.

─────，2010，「序章　〈新しい能力〉概念と教育─その背景と系譜」松下佳代編著，
　　『〈新しい能力〉は教育を変えるか─学力・リテラシー・コンピテンシー』ミネ
　　ルヴァ書房，pp. 1-42.

溝上慎一，2015，「主体的な学習からアクティブラーニングを理解する」http://www.
　　gakuryoku.gakken.co.jp/pdf/highschool_forum/2015dl/03_documents_201508.pdf.

麦山亮太・西澤和也, 2017, 「大企業と中小企業が新卒者に求める能力は異なるか―求人情報サイトへのトピックモデルの適用」『理論と方法』32 (2), pp.214-227.

武藤浩子, 2020, 「学生の質問行動に影響を与える要因の検討」『大学教育学会誌』41 (2), pp.45-52.

―――, 2021, 「職場における仕事の自律性の規定要因―仕事に関わる能力・上司の支援・役職との関連に着目して」『早稲田大学教育学研究科紀要別冊』28 (2), pp.95-105.

村尾祐美子, 1998, 「雇用者における仕事裁量　仕事の場での事柄決定力とジェンダー」盛山和夫・今田幸子編『女性のキャリア構造とその変化 (1995 年 SSM 調査シリーズ 12)』1995 年 SSM 調査研究会, pp.91-108.

文部科学省, 2017a, 『小学校学習指導要領 (平成 29 年 3 月)』.

―――, 2017b, 『中学校学習指導要領 (平成 29 年 3 月)』.

―――, 2018, 『高等学校学習指導要領 (平成 30 年 3 月)』.

―――, 2019, "Overview of the Ministry of Education, Culture, Sports, Science and Technology," https://www.mext.go.jp/en/about/pablication/__icsFiles/afield-file/2019/03/13/1374478_001.pdf.

吉川雅也, 2016, 「組織論における主体性概念の探求―リーダーシップおよびコミットメントの理論に着目して」『関西学院商学研究』71, pp.33-49.

―――, 2017, 「経営組織における成員の主体性涵養過程に関する研究―組織的キャリア形成と人材育成の視点から：大学生を対象とした調査からの分析」関西学院大学, 博士学位論文.

吉田文, 2012, 「2000 年代の高等教育政策における産業界と行政府のポリティックス―新自由主義・グローバリゼーション・少子化」『日本労働研究雑誌』629, pp. 55-66.

―――, 2014, 「『グローバル人材の育成』と日本の大学教育―議論のローカリズムをめぐって」『教育学研究』81 (2), pp. 28-39.

―――, 2020, 「文系大学院修士課程修了者の採用の論理―その幻想と現実」吉田文編著『文系大学院をめぐるトリレンマ―大学院・修了者・労働市場をめぐる国際比較』玉川大学出版部, pp. 121-158.

労働政策研究・研修機構, 2006, 『大学生の就職・募集採用活動等実態調査結果 I 大卒採用に関する企業調査』JILPT 調査シリーズ No.16.

―――, 2007, 『大学生と就職―職業への移行支援と人材育成の視点からの検討』労働政策研究報告書 No.78.

Ashford, S. J. & Black, J. S., 1996, Proactivity During Organizational Entry: The Role of Desire for Control, *Journal of Applied Psychology*, 81(2): pp. 199-214.

Biesta G. J. J., 2017, *The Rediscovery of Teaching*, Routledge, (＝2018, 上野正道訳『教えることの再発見』東京大学出版会).

Deci, E., 1975, *Intrinsic Motivation*, Plenum Press, (＝1980, 安藤延男・石田梅男訳『内発的動機づけ―実験社会心理学的アプローチ』誠信書房).

Deci, E. & Flaste, R., 1995, *Why We Do What We Do: The dynamics of personal autonomy*, G. P. Putnam's Sons, (＝1999, 桜井茂男監訳『人を伸ばす力―内発と自律のすすめ』新曜社).

Dore, R. P., 2004, *New forms and meanings of work in an increasingly globalized world*, International Labour Organization, (＝2005, 石塚雅彦訳『働くということ―グローバル化と労働の新しい意味』中央公論新社).

Erikson, H. E., 1968, *Identity: Youth and Crisis*, W. W. Norton & Company, (＝1969, 岩瀬庸理訳『主体性―青年と危機』北望社).

Fadel, C., Bialik, M., & Trilling, B., 2015, *Four-dimensional Education: The Competencies Learners Need to Succeed*, Center for Curriculum Redesign, (＝2016, 岸学監訳, 関口貴裕・細川太輔編訳, 東京学芸大学次世代教育研究推進機構訳『21世紀の学習者と教育の4つの次元―知識、スキル、人間性、そしてメタ学習』北大路書房).

Foucault, M.,1975, *Surveiller et Punir: Naissance de la Prison*, Gallimard, (＝1977, 田村俶訳『監獄の誕生―監視と処罰』新潮社).

Griffin, P., McGaw, B. & Care E. (Eds.), 2012, *Assessment and Teaching of 21st Century Skills: Methods and Approach*, Springer, (＝2014, 三宅なほみ監訳, 益川弘如・望月俊男編訳, 『21世紀型スキル―学びと評価の新たなかたち』北大路書房).

McClelland, D. C., 1973, Testing for competence rather than for "intelligence", *American Psychologist*, 28(1), pp. 1-14.

OECD, 2005, Definition and Selection of Key Competencies - Executive Summary, http://www.oecd.org/pisa/35070367.pdf.

OECD, 2019, OECD Future of Education and Skills 2030: OECD Learning Compass 2030, https://www.oecd.org/education/2030-project/contact/ OECD_Learning_Compass_2030_Concept_Note_Series.pdf.

Rychen, D. S., & Salganik, L. H. (Eds.), 2003, *Key competencies for a successful life and a well-functioning society*, Hogrefe & Huber, (＝2006, 立田慶裕監訳, 今西幸蔵・岩崎久美子・猿田祐嗣・名取一好・野村和・平沢安政訳『キー・コンピテンシー―国際標準の学力をめざして』明石書店).

Schmidt, E., Rosenberg, J., & Eagle, A., 2014, *How Google Works*, Grand Central Publishing, (＝2014, 土方奈美訳『How Google Works―私たちの働き方とマネジメント』日本経済新聞出版社).

あとがき

　本書では、教育においても産業界においても広く求められる〈主体性〉について、「企業が求める〈主体性〉」に焦点化して分析した。

　ここまで明らかにしたことをまとめてみたい。近年、企業の〈主体性〉要求がいかに高まっているのか、そして、その高まる〈主体性〉要求の背後にはどのような要因があるのか、マクロな視点だけでなく、管理職者らの語りによってミクロな視点から明らかにした。近年の社会変化の激しさが、若手社員への限定的な〈主体性〉要求をさらに高めるとすれば、そのような〈主体性〉要求自体を見直す必要がでてくるようにも思われる。

　またきわめて曖昧である〈主体性〉という言葉が、企業ではどのような意味を内包して用いられているのかについて明らかにした。多様な業種の管理職者らが共有している〈主体性〉の意味を知り、また企業は何に価値を置いているのかを知ることで、読者それぞれの立場でその〈主体性〉要求にどのように対峙していくのか、それを考えるためのひとつの指標となると考える。

　さらに管理職者らへのインタビューによって、企業における〈主体性〉の評価や育成の様相を捉えた。企業が求める〈主体性〉と、大学教育等で育成しようとする〈主体性〉は同じではないという前提を置いたうえでも、現在の企業における〈主体性〉の評価、育成の様子は、学校教育にとっても何らかの参考になるかもしれない。また、大学から社会にでていく学生たちに対して、どのような評価が行われているのか、それを大学の教員が知ることは、大学と企業の〈主体性〉育成のつながりという視点からも意味があるのではないだろうか。

　今後の〈主体性〉に関わる研究について、ここで三つの課題を挙げておきたい。

　まず、一つめは、企業の若手社員側からみた〈主体性〉について検討することである。本書は、〈主体性〉を求める管理職者の視点から〈主体性〉について明らかにしてきた。今後さらに、〈主体性〉が求められる若手社員が、〈主体性〉についてどのように認識しているのか、また本書が示した従属的に行われる〈主体性〉育成についてどのようにみているのかを検討することで、育成する側、育成される側両面からの〈主体性〉分析ができると考える。また本書では、管理職者らは若手社員のころから、自ら〈主体性〉発揮のためのストラテジーを用いていたことを示したが、いまの若手社員も、なんらかの戦略を用いて自ら〈主体性〉を発揮しようとしていることも考えられる。その様相を明らかにしたい。

　二つめは、既存の営利企業で求められる〈主体性〉だけでなく、起業をする人材や、公務員、非営利団体職員などに求められる〈主体性〉を対象とすることである。仕事に関わる資質・能力について、既存の企業や職業への適応という観点以外に、起業する人材に求められる資質・能力に着目する必要性についても指摘されている（国立教育政策研究所　2016）。今回のインタビューでも、若くして起業をする人の〈主体性〉は、既存企業が求める〈主体性〉と異なるのではないかという発言が聞かれたが、より広く社会で求められる〈主体性〉について検討することで、既存企業に適応的な〈主体性〉とは異なるものがみられる可能性もあるだろう。

　三つめとして挙げたいのは、大学等での教育における〈主体性〉言説を対象として分析することである。企業が求め育成しようとする〈主体性〉と、大学等の教育機関で育成しようとする〈主体性〉には、共通部分がありながら、違いもあるものと推測される。学校教育において〈主体性〉がキーワードとされるなか、学生らはどのような〈主体性〉を求められており、またどのように〈主体性〉が育成・評価されてきたのか。さらに、学生が考える〈主体性〉とは何なのか、それを示すことで、企業が求める〈主体性〉との異同について明らかにすることができるものと考える。

　本書は、筆者が 2021 年度に早稲田大学大学院教育学研究科に提出した博士論文に加筆・修正したものである。博士論文の執筆にあたっては、主査の吉田文先生に大変お世話になった。私が教育界でも産業界でも重視されている〈主体性〉という面妖なものを対象として研究をしたいとご相談したときに、その研究を進めるようすぐに背中を押してくださった。〈主体性〉という、つかみどころのなさそうなものをどのように捉えていくのか、試行を繰り返しながら研究方針を決めていった。そのように先が見えないなかでも前に進むことができたのは、〈主体性〉というテーマへの興味と、吉田先生のご指導のお陰である。

　また、博士論文の副査をお願いした小林雅之先生、沖清豪先生、濱中淳子先生にも大変にお世話になった。論文がまとまっていない時点から、何度もご指導をいただけたことを感謝している。

　早稲田大学大学院の院生、また研究者仲間の協力も有難いものであった。新型コロナウイルス禍において、外出を控えて執筆に励む日々のなか、執筆の苦しさをインターネット越しに共有し、並走してくれた沈雨香さん、山本桃子さんに特に感謝の言葉を贈りたい。

　本書には、企業の管理職の方々のインタビューを多数掲載させていただいている。インタビューにご協力いただいた方々は、営業、開発、研究など事業部門における職場内教育 (OJT) の様子などについて、リアリティのある話を詳細にお聞かせくださった。仕事を通して若手社員をどのように成長させるのか、常に教育的な視点を持って取り組んでいらっしゃることにも感銘を受けた。インタビューにご協力いただいた企業管理職の皆様のお陰で、企業が求める〈主体性〉について深く迫ることができたと考えている。

　出版にあたっては、東信堂の下田勝司社長にご尽力いただいたことについて、ここで感謝を申し上げたい。

　教育者であった両親にも感謝を伝えたい。父の「学びはみんな主体的なんや」という言葉は至言であり、学びは人の内発性に関わると思わせてくれた。また、博士論文と、それに続く本書の執筆を見守り、有益なコメントをくれ

た家族に深く感謝している。

　最後に、本書が、教育と社会を結びつける研究の一助となり、この分野の多方面の研究が進展することを願っている。

　2023 年 1 月

武藤浩子

事項索引

人名索引

著者

武藤 浩子（むとう ひろこ）

早稲田大学大学院教育学研究科博士後期課程修了。博士（教育学）。大学教育学会・学会奨励賞受賞（2021年度）。東京大学高大接続研究開発センター特任助教を経て早稲田大学非常勤講師。

主な論文

「学生の質問行動に影響を与える要因の検討」（2020,『大学教育学会誌』41-2），「私立大学附属・系属高校生徒の学習に関する研究─大学進学ルートの違いに着目して」（共著，2022,『早稲田教育評論』36-1），「職場における仕事の自律性の規定要因─仕事に関わる能力・上司の支援・役職との関連に着目して」（2021,『早稲田大学教育学研究科紀要別冊』28-2），"Exploring the Effect of Study Abroad on Student Proactive Learning"（2020,『早稲田大学教育学研究科紀要別冊』27-2）

企業が求める〈主体性〉とは何か──教育と労働をつなぐ〈主体性〉言説の分析

2023年4月20日	初 版第1刷発行	〔検印省略〕
2024年4月30日	初 版第2刷発行	定価はカバーに表示してあります。

著者©武藤浩子／発行者 下田勝司　　　　　　　　　　印刷・製本／中央精版印刷

東京都文京区向丘 1-20-6　　郵便振替 00110-6-37828　　　　　　　　　　発 行 所
〒 113-0023　TEL (03) 3818-5521　FAX (03) 3818-5514　　　株式会社 東信堂
Published by TOSHINDO PUBLISHING CO., LTD.
1-20-6, Mukougaoka, Bunkyo-ku, Tokyo, 113-0023, Japan
E-mail : tk203444@fsinet.or.jp　http://www.toshindo-pub.com

ISBN978-4-7989-1843-3 C3037　　© MUTOH Hiroko

東信堂

※定価：表示価格（本体）＋税

〒113-0023　東京都文京区向丘 1-20-6　TEL 03-3818-5521　FAX03-3818-5514
Email tk203444@fsinet.or.jp　URL:http://www.toshindo-pub.com/

東信堂

※定価：表示価格（本体）＋税

〒113-0023 東京都文京区向丘1-20-6　TEL 03-3818-5521　FAX03-3818-5514
Email tk203444@fsinet.or.jp　URL:http://www.toshindo-pub.com/

東信堂

※定価：表示価格（本体）＋税

〒113-0023　東京都文京区向丘 1-20-6　TEL 03-3818-5521　FAX03-3818-5514
Email tk203444@fsinet.or.jp　URL:http://www.toshindo-pub.com/